WITHDRAWN

BIBLIOGRAPHY OF
SEVENTEENTH-CENTURY FRENCH PROSE FICTION

BIBLIOGRAPHY OF
SEVENTEENTH-CENTURY
FRENCH
PROSE FICTION

by

R. W. BALDNER
University of Victoria

PRINTED FOR THE INDEX COMMITTEE OF
THE MODERN LANGUAGE ASSOCIATION OF AMERICA
BY THE COLUMBIA UNIVERSITY PRESS
NEW YORK, 1967

Gratefully Dedicated to
J. F. McNeill
Who Thought It Worthwhile

FOREWORD

The Index Society was founded in 1941 to encourage and facilitate the publication of such useful tools for research as indexes, concordances, chronologies, and bibliographies. In 1963 the Society became the Index Committee of the Modern Language Association of America. Ralph Baldner's *Bibliography of Seventeenth Century Prose Fiction* is published largely with Index Committee funds, but we gratefully acknowledge also the assistance of the University of Victoria.

We are indebted to R. C. Williams for encouraging Mr. Baldner to re-do his *Bibliography of the Seventeenth-Century Novel in France* (MLA Monograph Series No. 4, 1931), and to Victor Brombert of Yale University for reading and advising on Mr. Baldner's manuscript. Melvin Loos of the Columbia University Press continues to be designer and technical adviser to the Index Committee. To him we owe the distinction of its printed volumes. The Modern Language Association is happy to take this opportunity to express satisfaction in its relations with the Index Committee and with the Columbia University Press, which handles the Committee's publications.

JOHN HURT FISHER
Executive Secretary
Modern Language Association

Index Committee 1967

HAROLD BENTLEY, CHAIRMAN
University of Utah

BENJAMIN NANGLE
Yale University

DAVID V. ERDMAN
New York Public Library

JAMES M. OSBORN
Yale University

OTIS H. GREEN
University of Pennsylvania

ABBREVIATIONS

A	Arsenal Library in Paris
Ach. d'imp.	Achevé d'imprimer
BL	Belles Lettres (at Arsenal Library)
BM	British Museum
BN	Bibliothèque Nationale
Cat.	Catalogue
LC	Library of Congress
Priv.	Privilège
Rés.	Réserve
s.l.	sans lieu
s.l.n.d.	sans lieu ni date
t.	tome

Note: Place of publication is Paris unless otherwise noted.

CONTENTS

PART I.   Alphabetical List of Authors 3

PART II.   Chronological List 39

PART III. Alphabetical List of Titles 141

           Appendix 183

FOR A BIBLIOGRAPHY OF
SEVENTEENTH-CENTURY PROSE FICTION

While using the R. C. Williams' Bibliography of the Seventeenth-Century Novel in France (1931) for research, so many discrepancies arose between the titles given as novels and the actual genre of the work, that further corrections seemed imperative in order to make it more precise and profitable. Accordingly, each entry was checked by actual handling for correct title, author, date of publication or privilège, and whatever other information seemed pertinent. The only objective was to eliminate those works which definitely did not fall into the category of novels or prose fiction in general. No entry of the original Bibliography has been discarded. Those which were definitely not prose fiction have been put in the Appendix, with some indication as to their nature. The original division into three parts has been retained: Part I by author: Part II chronological, with full bibliographical information; Part III by title. When corrections of the original entries have been made, the sources have been put in parentheses; similarly, the original source, when indicated by Professor Williams, has been included.

The Bibliography, although pruned to its essential as it is now, cannot claim to be complete. We must be grateful to Professor Williams for having given us so excellent a means of research when before we had nothing. Inaccuracies and new titles will undoubtedly be found, but it seems likely that in its present form the Bibliography can be considered about as definitive as a bibliography can be. It is to be hoped, in any case, that it will save the future researcher many hours of disappointment in the Paris libraries.

This revised edition includes the corrections made by H. C. Lancaster in *Modern Language Notes* 47 (1932), N. A. Bennetton in the *Modern Language Journal* XVII (1932), Mary E. Storer in the *Romanic Review* XIII (1932), and F. P. Rolfe in PMLA 49 (1934), as well as information derived from the following sources:

Adam, Antoine. *Histoire de la littérature française au XVIIᵉ siècle*, Paris, 1948–1957. 5 vol.
Dallas, Dorothy. *Le Roman français de 1660 à 1680*, Paris, 1932.
De Jongh, W. F. J. *A Bibliography of the Novel and Short Story in French from the Beginning of Printing till 1600*. University of New Mexico Press, 1944.

Magendie, Maurice. *Le roman français au XVIIe siècle*, Paris, 1932.

Mongrédien, Georges. "Bibliographie des oeuvres de Georges et de Madeleine de Scudéry." *Revue d'Histoire Littéraire de la France* 40 (1933); 42 (1935).

Morrissette, Bruce A. *The Life and Works of M-C. Desjardins*, St. Louis, Washington University Studies, 1947.

Rémy, Gabriel. *René Le Pays*, Paris, 1925.

Reynier, Gustave. *Le Roman sentimental avant l'Astrée*, Paris, 1908.

Sage, Pierre. *Agathonphile*, by J-P. Camus. A critical edition. Paris, 1951.

Tipping, Wessie M. *Jean Regnaud de Segrais*, Paris, 1933.

Wadsworth, F. A., *The Novels of Gomberville*, New Haven, 1942.

Waldberg, Max Freiherr von. *Der empfindsame Roman in Frankreich*, Berlin, 1906.

Woodbridge, B. M. *Gatien de Courtilz*, The Johns Hopkins Press, 1925.

I wish also to express here my particular gratitude to the staff of the Arsenal Library for the assistance, patience and indulgence accorded me during the daily sessions in the winter of 1949–50 and summer of 1963. And it is thanks to an alert and devoted Marina Gerwing that an impatient bibliographer achieved a degree of accuracy and consistency in his manuscript.

R.W.B.

PART I

ALPHABETICAL LIST OF AUTHORS

ALPHABETICAL LIST OF AUTHORS

AIGUE D'IFFREMONT (D')
Rodogune, histoire asiatique et romaine, 1667.

ALAIS (DENIS VAIRASSE D')
See: VAIRASSE

ALLARD (MARCELLIN)
La Gazzette Françoise, 1605.

ALLARD (LE PRÉSIDENT GUY)
Zizimi, Prince ottoman, amoureux de Philippine-Hélène de Sassenage, histoire dauphinoise, 1673.

ALLUIS (JACQUES)
Les Amours d'Abailard et d'Héloïse, 1675.
Le Chat d'Espagne, 1669.

ANCELIN
L'Amant ressuscité, 1657.
Le portrait funeste, 1661.

ANGOUMIS (PHILIPPE DE)
Le Seminaire d'Hermiogène, 1634.
Les Triomphes de l'amour de Dieu en la conversion d'Hermiogène, 1625.

ARANDA (EMMANUEL D')
Histoires morales et divertissantes, 1671.

ASSOUCY (CHARLES COYPEAU D')
Avantures d'Italie, 1677.
Les Aventures (de M. d'Assoucy), 1677.

AUBICOURT (GAUTIER D')
Céphise ou l'amante fidèle, 1699.

AUBIGNAC (L'ABBÉ FR. HEDELIN D')
Amelonde, histoire de notre temps où l'on void qu'une honneste femme est heureuse quand elle suit un conseil sage et vertueux, 1669.
Aristandre ou l'histoire interrompue, 1644.
Histoire du temps, ou relation du royaume de coqueterie, extraite du dernier voyage des Holandois aux Indes du Levant, 1654.

B

3

Macarise, ou la Reine des Isles Fortunées, histoire allégorique, contenant la philosophie morale des stoïques sous le voile de plusieurs aventures agréables en forme de roman, 1663.

Le roman des lettres, 1667.

AUBIGNÉ (THÉODORE AGRIPPA D')

Les Avantures du Baron de Faeneste, première partie, s.l., 1617–1620.

AUDIGUIER (VITAL D', SIEUR DE LA MENOR)

Les Amours d'Aristandre et de Cléonice, 1624.

Diverses affections de Minerve, 1625.

Les douces affections de Lydamant et de Callyante, 1607.

La Flavie (de la Menor), 1606.

Histoire tragi-comique de Lisandre et de Caliste, 1615.

AULNOY (MARIE D', COMTESSE)

Les Avantures d'Hippolyte, comte de Douglas, 1690.

Histoire de Jean de Bourbon, Prince de Carency, 1691.

Mémoires de la Cour d'Angleterre, 1695.

Mémoires de la Cour d'Espagne, 1690.

Mémoires et avantures singulières de la cour de France, 1692.

AULNOY (MARIE D', COMTESSE)

Mémoires secrets de Mr. L.D.D.O., ou les Avantures comiques de plusieurs grand Princes de la cour de France. See: ANON., 1696.

Nouvelles espagnoles, 1692.

Relation du voyage d'Espagne, 1691.

BAREAU

Les Amours de la Magdelene, où l'amour divin triomphe de celui du monde, 1618.

BARO (BALTHAZAR)

See: D'URFÉ.

BARRIN (L'ABBÉ JEAN)

Vénus dans le cloitre, ou la Religieuse en chemise, entretiens curieux par l'abbé Duprat (l'abbé Barrin), 1683.

BARTHÉMY (JEAN)

Le Voyage du chevalier errant, (vers 1680).

BAUDOT DE SOMEIRE

See: SOMEIRE

BAUDOT DE JUILLY (NICOLAS)

Histoire de Catherine de France, reine d'Angleterre, 1696.

Histoire secrette du Connestable de Bourbon, 1696.

Relation historique et galante de l'invasion de l'Espagne par les Maures, 1699.

BAUDOIN (J.)
Les Aventures de la Cour de Perse, où sont racontées plusieurs histoires d'amour, 1629.
Histoire negrepontique, 1631.
Lindamire, histoire indienne, tirée de l'espagnol, 1638.

BAZYRE (G. DE, D'AMBLAINVILLE)
Les Amours d'Amynthis et de la belle Odylie, 1601.

BAZYRE (G. DE, D'AMBLAINVILLE)
La Bergere de la Palestine, 1601.

BEAUCOURT (MME DE)
Les Caprices de l'amour, 1678.
Le Courier d'amour, 1679.

BEAULIEU (LE SIEUR DE)
Les Advantures de Poliandre et Théoxène, 1623.
La Solitude amoureuse, 1631.

BEAUREGARD (M. DE)
Le Prince amoureux, 1635.

BELIN (DOM, ALBERT)
Les aventures du philosophe inconnu en la recherche et invention de la pierre philosophale, 1646.

BELLEVILLE (PHILIPPE DE)
Théâtre d'histoire ou les grandes prouesses et aventures étranges du noble et vertueux chevalier Polimantes, 1610.

BERNARD (MLLE CATHERINE)
Le Comte d'Amboise, nouvelle galante, 1689.
Edgard, roi d'Angleterre, (vers 1690).
Eleonor d'Yvrée, Les Malheurs de l'amour. Première nouvelle, 1687.
Inès de Cordouë, nouvelle espagnole, 1696. See: ANON., 1696.
Le Prince de Sicile, nouvelle historique, 1680. See: PRADON, 1680.

BEROALDE DE VERVILLE
L'Histoire d'Herodias; icy se verront les essais de l'impudence effrenée après le vice, attirans les punitions divines sur les esprits de rébellion, 1600.

BEROALDE DE VERVILLE
L'Histoire véritable ou le voyage des princes fortunez, 1610.
Le Moyen de parvenir, oeuvre contenant la raison de tout ce qui a esté, est et sera, avec démonstrations certaines et nécessaires, selon la rencontre des effects de vertu, (vers 1610).

BIARD (ARTHUR, SIEUR DE SONAN)
Chriserionte de Gaule, histoire memorable trouvée en la Terre Sainte, 1620.

BLAISE DE SAINT-GERMAIN
Histoire tragique des amours du brave Florimond et de la belle Clytie, 1607.

BLESSEBOIS (PIERRE CORNEILLE)
Alosie, ou les amours de Mme de M.T.P., 1680.
Le Lion d'Angélie, histoire amoureuse et tragique, 1676.
Le Rut ou la Pudeur éteinte, 1649.
Le Zombi du Grand Pérou ou la Comtesse de Cocagne, 1697.

BLOT, BARON DE CHAUVIGNY
See: CHAUVIGNY

BOISGUILBERT (P. LE PESANT, SIEUR DE)
Mademoiselle de Jarnac, nouvelle, 1685.
Marie Stuart, reyne d'Ecosse, nouvelle historique, 1675.

BOISROBERT (L'ABBÉ FRANÇOIS LE METEL DE)
Histoire indienne d'Anaxandre et d'Orazie, où sont entremeslées les avantures d'Alcidaris, de Cambaye et les amours de Pyroxène, 1629.

BOITEL (PIERRE, SIEUR DE GAUBERTIN)
Circé, histoire tragique, ou suite de la defaicte du faux amour, ensemble l'heureuse alliance du cavalier victorieux et de la belle Adrastée, 1617.
La defaicte du faux amour, par l'unique des braves de ce temps député par le Soleil à l'execution d'un acte tant héroïque en l'absence des Dieux fugitifs du Ciel, 1617.

BOLSWERT (B. DE)
Le Pèlerinage de deux soeurs, Colombelle et Volontairette vers Jérusalem, ouvrage allégorique, 1638.

BOMARD DES MALLEES
Hiacinthe, oeuvre curieuse, 1684.

BONNET (LE SIEUR)
Bérenger, comte de la Marck, 1645.

BORDELON (LAURENT)
Les Malades en belle humeur ou lettres divertissantes écrites de Chaudry, 1697.

BOUDIN (MME)
La fameuse Comédienne, ou histoire de la Guerin, auparavant femme et veuve de Molière, 1688.

BOUGLER (PIERRE)
See: BRETHENCOURT

BOURSAULT (EDME)
Artémise et Poliante, nouvelle, 1670.
Le Marquis de Chavigny, 1670.
Ne pas croire ce qu'on void, histoire espagnole, 1670.
Le Prince de Condé, roman historique, 1675.

BRÉMOND (GABRIEL DE)
Le Cercle ou conversations galantes, histoire amoureuse du temps, 1673.
La Comtesse de Montferrat, 1646.
Le double cocu ou histoire galante, 1678.
Le galant Escroc ou le faux comte de Briou, avantures d'original, 1676.
Hattigé ou les amours du roi de Tamaran (Charles II d'Angleterre), nouvelle, 1676.

BRÉMOND (GABRIEL DE)
Mémoires galans, ou les aventures amoureuses d'une personne de qualité, 1680.
Le Pelerin, nouvelle, 1670.
La Princesse de Montferrat, nouvelle contenant son histoire et les amours du comte de Saluces, 1677.

BRÉMOND (S.)
La Belle Turc (sic), histoire nouvelle, amoureuse et galante, 1680.
Le Triomphe de l'amour sur le Destin, 1677.

BRETHENCOURT (SIEUR DE)
Les amours diverses, 1629.
Cléante amoureux de la belle Mélisse, 1626.
Le Pèlerin étranger ou les amours d'Aminthe et de Philinde, 1634.

BRICE (FRANÇOIS)
La fille illustre, 1696.
Granicus ou l'Isle galante, nouvelle historique et veritable, 1698.
Le retour de la campagne, 1696.

BRIDOU (JEAN)
Celie ou Mélicerte, nouvelle véritable, 1663.

BRILHAC (J. B. DE) (MLLE . . .)
Agnès de Castro, nouvelle portugaise, 1688.

BRYE (DE)
Le Duc de Guise, surnommé le Balafré, 1694.

BUSSY-RABUTIN (R. DE)
La France galante, ou Histoires amoureuses de la cour de Louis XIV, s.d.
Histoire amoureuse des Gaules, 1665.

CAILLIÈRES
See: CALLIÈRES

CALLIÈRES (JACQUES DE)
Le Courtisan predestiné ou le duc de Joyeuse Capucin, divisé en deux
parties, 1661.

CAMUS (JEAN-PIERRE)
Agathonphile, ou les martyrs siciliens, 1621.
Alcime, relation funeste où se découvre la main de Dieu sur les impies,
1625.
Alexis, 1622.
Aloph, ou le Parastre malheureux, histoire françoise, 1626.
L'Amphitheatre sanglant, où sont representées plusieurs actions tragiques,
1630.
Aristandre, histoire germanicque, 1624.
Bouquet d'histoires agréables, 1630.
Le Cabinet historique, rempli d'histoires véritables, arrivées tant dedans
que dehors le Royaume, avec les moralités, 1668.
Calitrope ou le changement de la droite de Dieu, 1628.
Casilde, ou le bonheur de l'honnesteté, 1628.
Cléarque et Timolas, deux histoires considérables, 1629.
Le Cléoreste, histoire françoise espagnolle, 1626.
Damaris ou l'Implacable marastre, histoire allemande, 1627.
Daphnide ou l'Intégrité victorieuse, histoire arragonnaise, 1625.
Les Décades historiques, 1632.
Diotrephe, histoire valentine, 1626.
Divertissement historique, 1632.
Dorothée, ou le récit de la pitoyable issue d'une volonté violentée, 1621.
Elise, ou l'innocence coulpable, événement tragique de nostre temps, 1621.

CAMUS (JEAN-PIERRE)

Les Entretiens historiques, 1638.

Eugène, histoire grenadine offrant un spectacle de pitié et de piété, 1623.

Les Evenemens singuliers ou Histoires diverses, 1628.

Flaminio et Colman, deux miroirs, l'un de la fidelité, l'autre de l'infidelité des domestiques, 1626.

Hellenin et son heureux malheur, 1628.

Hermiante ou les deux hermites contraires, le reclus et l'instable, 1623.

L'Hiacinte, histoire catalane, où se voit la différence d'entre l'amour et l'amitié, 1627.

Honorat et Aurélie, événements curieux, 1628.

L'Iphigène, 1625.

Les Leçons exemplaires, 1632.

Marianne, ou l'innocente victime, événement tragique arrivé à Paris au faux-bourg Sainct Germain, 1629.

La Mémoire de Darie, où se voit l'idée d'une devotieuse vie et d'une religieuse Mort, 1620.

Mémoriaux historiques, 1631.

Observations historiques, 1631.

Occurences remarquables, 1628.

CAMUS (JEAN-PIERRE)

Palombe, ou la femme honorable, histoire catalane, 1625.

Parthénice, ou Peinture d'une invincible chasteté, histoire napolitaine, 1621.

Le Pentagone historique, montrant en cinq façades autant d'accidens signalez, 1631.

Petronille, accident pitoyable de nos jours, 1626.

La Pieuse Jullie, histoire parisienne, 1625.

Le Rabat-joye du triomphe monocal, 1633.

Récits historiques ou histoires divertissantes, entremêlées de plusieurs agréables rencontres et belles reparties, 1643.

Régule, histoire belgique, 1627.

Relations morales, 1631.

Les Rencontres funestes ou Fortunes infortunées de nostre temps, 1644.

Le saint désespoir d'Oleastre, 1624.

Spectacles d'horreur, 1630.

Spiridion, anacorète de l'Apennin, 1623.

Succez différens, 1630.

Tapisseries historiques, 1644.

Tour des Miroirs, ouvrage historique, 1631.

Le Verger historique, 1644.

Variétez historiques, 1631.

Le Voyageur inconnu, histoire curieuse et apologétique pour les religieux, 1630.

CASENEUVE (PIERRE DE)
Caritée, ou la Cyprienne amoureuse, 1620.

CATALDE (DE)
Les Amours du Marquis de Charmonde et de Mlle de Grange, 1697.

CERIZIERS (L'ABBÉ RENÉ DE) (Pseud. DES FONTAINES)
Les heureuses infortunes de Céliante et Marilinde, 1636.
L'Illustre Amalazonthe, 1645.
L'inceste innocent, histoire véritable, 1638.
L'Innocence reconnuë, ou la Vie admirable de Geneviève, princesse de Brabant, 1634.

CHADIRAC (F.)
L'Uranie de Lucidor, 1615.

CHAMPCLOS (MLLE MORVILLE DE)
L'oiseau de Trianon, 1698.

CHAPPUZEAU (DANIEL-PAUL)
Coronis, pastorale héroïque, 1691.

CHARNAYS (SIEUR DE LA)
See: COTIGNON DE LA CHARNAYS

CHARPENTIER (FRANÇOIS)
Le Voyage du valon tranquille, nouvelle historique, 1673.

CHARTIER (J.)
Le nouveau miroir des voiages marins, 1600.

CHASSEPOL (LE SIEUR)
Histoire des Amazones, 1678.

CHASTENAY (JACQUES DUBOIS DE) (J.D.D.C.)
Arsène, ou la vanité du monde, 1690.

CHAVIGNY DE LA BRETONNIÈRE (FRANÇOIS DE)
L'Amante artificieuse ou le Rival de soy-même, intrigue galante, 1682.
L'Amour parjure ou la fidelité de l'Epreuve, 1682.
Le Berger Gentilhomme, 1685.

La Galante hermaphrodite, nouvelle amoureuse, 1683.

Octavie ou l'epouse infidelle, 1683.

La religieuse Cavalier, 1693.

CHEVREAU (URBAIN)

Hermiogène, 1648.

Scanderberg, 1644.

CHEVREMONT (L'ABBÉ J. B.)

La Connoissance du monde, voyages orientaux, nouvelles purement historiques contenant l'histoire de Rhetima, Géorgienne, Sultane disgraciée, et de Ruspia, mingrélienne, sa compagne de Serrail, avec celle de la fameuse Zisbi, circassienne, 1695.

Histoire et Avantures de Kenûski géorgienne, 1696.

CLAIREVILLE (LE SIEUR)

Amelinte, sous le nom de l'heureux naufrage de Melicandre, 1635.

Amours infidelles, 1635.

CLAROS (GANIMÈDE DE)

Le Cloriaque d'Illis, 1633.

CLAUDE (ISAAC)

See: DE MONTFALCON

Le Comte de Soissons, nouvelle galante, 1677.

COLLETET (GUILLAUME)

See: LANNEL

COLLIN (CLAUDE)

Eraste, nouvelle, où sont descrites plusieurs avantures amoureuses, 1664.

CONDENTIAL (J.)

La Plume dorée de Chrysantor et de la belle Angéline, où en suite de leurs amours, on se peut instruire à coucher toutes sortes de lettres amoureuses, 1618.

CORBIN (JACQUES)

Les Amours de la chaste nymphe Pegase et de Lisandre et Paris, 1600.

Les Amours de Philocaste, où, par mille beaux et rares accidens il se voit que les variables hasards de la Fortune ne peuvent rien sur la constance de l'Amour, 1601.

Jérusalem regnante, 1600.

Le Martyre d'Amour, où par la funeste fin de Cariphile et de son Amante, tous deux martyrisez, est tesmoigné le miserable evenement d'un amour clandestin, 1603.

Les trophées de l'amour, 1604.

COSTE (LE SIEUR GUILLAUME DE)
Les bergeries de Vesper, ou les amours d'Antonin Florelle & autres bergers & bergères, 1618.
Splendor et Lucinde, histoire tragique de notre tems, 1624.

COTIGNON (PIERRE), SIEUR DE LA CHARNAYS
Le Phylaxandre, 1625.

COTOLENDI (CHARLES)
Mlle de Tournon, nouvelle historique, 1678.

COURTILZ DE SANDRAS
See: SANDRAS DE COURTILZ (GATIEN)

COURTIN (LE SIEUR)
Don Juan d'Autriche, nouvelle historique, 1672.

CRAMAIL
See: MONTLUC

CRISPIN DE PAS (or CRISPIN DE PASSE)
Les abus du mariage, où sont clairement representez les subilitez des honnestes tant des femmes que des hommes, 1641.
Le Miroir de plus belles courtisanes de ce temps, 1635.

CURY (DE)
Histoire comique ou Voyage dans la Lune (vers 1650). Later title: Histoire comique des Etats et Empires de la Lune, 1657.

DARGENCES
La Comtesse de Salisbury, ou l'ordre de la Jarretière, nouvelle historique, 1682.

DASSOUCY
See: ASSOUCY (CHARLES COYPEAU D')

DAUXIRON (LE R. P. JEAN)
Lydéric, premier Forestier de Flandre, ou philosophie morale de la victoire de nos passions sur le fonds d'une noble histoire, 1633.

DECOIGNÉE LE JEUNE
Silène insensé, ou l'estrange métamorphose des amans fideles, 1613.

DEIMIER
Histoire des amoureuses destinées de Lysimont et de Clytie, 1608.
Le Printemps des lettres amoureuses. 1608.

DEMORAIS
See: MORAIS

DESBARRES (ANT.)
Conclusion de l'histoire d'Alcidalis et de Zélide, commencée par M. Voiture, 1668.

DESCHAMPS (JÉROME)
Mémoires du serail sous Amurat II, 1670.

DESCHAUSSÉE (LE P. CALIXTE AUGUSTE)
Le Polémire ou l'illustre Polonais, 1646.

DES ESCUTEAUX
Les admirables faits d'armes d'Alcestes servant l'infidele Lydie, 1613.
Les Amours de Clarimont et Antonide, 1601.
Les Amours de Lydiam & Floriande, 1605.
Les Amours diverses, 1607.
Aventureuses fortunes d'Ipsilis et d'Alixée, 1602.
Fin des avantureuses fortunes d'Ypsilis et Alizée, 1623.
Les Fortunes d'Almintes, 1623.
Les jaloux desdains de Chrysis, 1628.
Les malheureuses amours de Philandre, gentilhomme Bourguignon et de Chrisilde, demoiselle grecque, 1621.
Le ravissement de Clarinde, histoire très véritable, 1618.
Les traverses et hasards de Clidion et d'Amidie, 1612.
Les véritables & heureuses amours de Clidamant & Marilinde, 1603.

DES FONTAINES
See: CERIZIERS (L'ABBÉ)

DESJARDINS (MLLE)
See: VILLEDIEU (MME DE)

DESMARETS DE SAINT-SORLIN
Ariane, parties i et ii, 1632.
Rosane, histoire tirée de celle des Romains et des Perses, 1639.

DONNEAU DE VISÉ (J.)
L'Amour échappé, où les diverses manières d'aymer contenues en 40 histoires, avec le Parlement d'Amour, 1669.
Les Diversitez galantes, contenant: Les Soirées des Auberges, nouvelle comique; L'Apoticaire de qualité, nouvelle galante et véritable, 1664.
Le Jaloux par force et le bonheur de femmes qui ont des maris jaloux, 1668.
Nouvelles galantes, comiques et tragiques, 1669.
Nouvelles nouvelles, 1663.

DOURLENS (DE) (S.L.D.D.)
Les aventures guerrieres et amoureuses de Licide, 1623.

DROUET (or DOUET) (LOUIS)
L'admirable histoire du soleil, 1620. See: ROSSET, 1620.

DU BAIL (LOUIS MOREAU, SIEUR)
Les Amours d'Amisidore et de Chrysolite, histoire veritable, où est
descrite l'inconstance des amoureux de ce temps, 1623.
La Céfalie, 1637.
Les Courtisans généreux, 1637.
Le fameux Chinois, 1636.
La fille supposée, histoire véritable et du temps que les deguisemens, les
combats, les Passions de l'Amour et de la Haine, la Constance et l'Infide-
lité, rendent admirable, 1639.
Floridor et Dorise, histoire veritable de ce tems, 1633.
Les galanteries de la Cour, 1644.
Le Gascon extravagant, histoire comique, 1637.

DU BAIL (LOUIS MOREAU, SIEUR)
Les généreuses amours des courtisans de la cour sous les noms d'Alcimène
et d'Amerose, 1637.
L'Olympe ou la Princesse inconnuë, 1634.
Le Prince ennemi du Tyran, histoire grecque, 1644.
La Princesse amoureuse, sous le nom de Palmélie, 1628.
Le Sélisandre, 1638.
Le sentier d'amour, ou l'histoire amoureuse et tragique de Pollidame &
Deiphile, 1622.

DUBOIS (F.N.)
See: ANON., 1696.

DUBOIS (JACQUES) DE CHASTENAY
See: J.D.D.C., 1690.

DUBOIS (N. J.)
Histoire des amours et infortunes d'Abailard, 1695.

DU BROQUART (G. SIEUR DE LA MOTTE)
Les Amours d'Archidiane et d'Almoncidas, 1642.
La Bellaure triomphante, où par plusieurs véritables histoires se découvrent
les divers effects de l'honneste amour . . . en la personne de quelques
princes et princesses de notre temps, 1630.
La Fidelité trahie ou l'art de triompher du destin, histoire Thessalonique,
1645.

Florigénie ou l'illustre victorieuse, 1647.

Le Jugement d'Archidiane, où, sous divers avantures d'amour et de guerre, se remarquent plusieurs instructions morales, 1642.

DU CHASTELET DES BOYS

L'Odyssée, ou Diversité d'aventures, rencontres et voyages en Europe, Asie et Afrique, divisée en quatre parties, 1665.

DUFRESNY (CHARLES) (DE FRONTIGNÈRES)

Nouvelles historiques, 1692.

Le Puits de la vérité, histoire gauloise, 1698.

DU LISDAM (HENRI)

Les fidèles et constantes amours de Lisdamas et de Cleoninimphe, 1615.

L'Olympe d'amour, histoire non feinte ny puisée ès fabuleux escrits; ains veritable et digne d'estre leue des beaux esprits, 1609.

Les sainctes inconstances de Leopolde & de Lindarache, 1619.

DU PERIER (ANTHOINE, SIEUR DE LA SALARQUE)

Les Amours de Pistion, 1601.

DU PERIER (SCIPION)

La Haine et l'amour d'Arnoul et de Clairemonde, 1600.

DU PERRET

Sapor, roi de Perse, 1668.

DUPLAISIR (LE SIEUR)

La Duchesse d'Estramène, 1682.

DU PONT (J. B.)

L'Enfer d'amour, où par trois histoires est monstré à combien de malheurs les amants sont subjectz, 1603.

Le Miroir des Dames, où les effects d'une saincte amitié sont en vif représentés, 1605.

DURAND (MME)

La Comtesse de Mortane, nouvelle, 1699.

DU ROSIER

Les Amours de la Cour et de la Pastorale, 1623.

DU SOUHAIT

L'Académie des vertueux, 1600.

Amours de Glorian et d'Ismene, 1600.

Les Chastes Destinées de Cloris ou le Roman des histoires de ce temps, 1609.

Histoires comiques ou entretiens facetieux de l'invention d'un des plus beaux esprits de ce temps, 1612.

Les Propriétés d'amour et les Propretez des amans, contenant une histoire véritable des amours de Filine et de Polymante, 1601.

Le Roman d'Anacrinie, où sont représentés plusieurs combats, histoires véritables et amoureuses, 1613. See: ANON., 1613.

Le Romant de Gloriande, ou suite du Roman d'Anacrinie, 1613.

DU SOUHAIT

DUVAL (J.)

See: ESTIVAL, 1605.

DU VERDIER (GILBERT SAULNIER)

Les amants jaloux ou le Roman des Dames, 1616.

L'Amour avantureux, 1623.

Les amours et les armes des princes de Grèce, 1623.

La Bergère amoureuse, ou les véritables amours d'Acanthe et de Daphnine, 1621.

Le Chevalier hipocondriaque, 1632.

La Diane françoise, 1623.

Les Esclaves ou l'histoire de Perse, 1628.

La Floride, 1625.

La Nymphe solitaire, 1624.

La Parthénice de la Cour, 1624.

Roman des Dames, 1630.

Le Romant des Romans, où on verra la suitte et la conclusion de Don Belianis de Grèce, 1626–1629.

Rosalinde (Suite de), 1643.

La Sibile de Perse, 1631.

Le Temple des sacrifices ou l'amour, 1620.

DU VIGNAN (LE SIEUR DES JOANNOTS)

Le Secrètaire Turc, contenant l'art d'exprimer ses pensées sans se voir, sans se parler et sans s'écrire, avec les circonstances d'une avanture Turque, 1688.

ESPINAUD

Les Amours de Geneviève et d'Ariodant, à l'imitation d'Arioste, 1601.

ESPINAY (SIEUR DE L')

L'Amour parfait, sous les chastes amours de Polidon et de Darinde, 1621.

Le Théâtre des Braves, où sont representées les adventures guerrières et amoureuses de Polimedor, 1613.

ESSERTINES (D')

See: MOLIÈRE D'ESSERTINES

ESTIVAL

Les allarmes d'amour, où les effects plus violens se voyent heureusement surmontés par la fidelité de Philismond & Pandionne, 1605.

La Suite des Alarmes d'Amour, représentée sur le Théâtre de Mars, 1606.

ESTRA (L')

See: L'ESTRA

FAURE (M.)

La vivante Filonie, 1605.

FAVORAL (DE)

L'Arioste imité, où sont naïfvement déduites les amours et estranges adventures de Zerbin et d'Izabelle, 1610.

La constance d'amour, représentée au sujet des amours et grandes adventures de Philadin et de Claristie, 1611.

Plaisantes journées du Sr Favoral, où sont plusieurs rencontres subtiles pour rire en toutes compagnies, 1623.

FAVRE

Le Miroir qui represente la fidelité sous les amours du Prince Polidon et de la belle Carité, 1603.

FÉNELON

Aventures d'Aristonoüs, 1696.

Les Aventures de Télémaque, 1699.

FERRAND (ANNE DE BELLINZANI, MADAME MICHEL) (MME LA PRÉS. FERRAND)

Histoire nouvelle des amours de la jeune Belise et de Cléante, 1689.

FOIGNY (GAB., Psued. JACQUES SADEUR)

Aventures dans la découverte et le voyage de la Terre australe, 1691.

La Terre australe connuë: c'est-à-dire la description de ce pays inconnu jusqu'ici, de ses moeurs et de ses coutumes. P. M. Sadeur avec les avantures qui le conduisirent en ce continent, 1676.

FOREST (GENEVIÈVE)

L'Histoire de la philosophie des Heros, nouveau roman ou philosophie nouvelle, en prose et en vers, 1681–1683.

FOUET (FRANÇOIS, DE ROUEN) (F.F.D.R.)

Les Amours de Philinde, 1601.

Floriane, son amour, sa penitence et sa mort, 1601.

Les légitimes amours et fortunes guerrieres de Doris, 1600.

FURETIÈRE (ANTOINE)

Le Roman bourgeois, ouvrage comique, 1666.

GAFFAREL (JACQUES)

Cléolthée ou les chastes adventures d'un Canadien et d'une jeune Natolienne, 1623.

GALLONGE

Histoire d'un esclave qui a est quatre années dans les prisons de Sallé en
Afrique. Avec un abrégé de la vie du Roy Taffilette, 1679.

GARON (LOUIS)

Le Chasse-Ennuy, ou l'honnête entretien des bonnes compagnies, 1600.

GAROUVILLE

L'Amant oysif, contenant cinquante nouvelles espagnoles, 1671.

GAUTHIER (PRUDENT)

La mort de l'amour, où se list la véritable et nouvelle histoire des amours
de Calianthe et Florifile, 1616.

GERMONT (DE)

Le Napolitain, ou le défenseur de sa maîtresse, 1682.

GERZAN (DE)

L'Histoire afriquaine de Cléomède et de Sophonisbe, 1627.
Histoire asiatique de Cérinthe de Callianthe et d'Arthénice, avec un
traicté du thresor de la vie humaine et la philosophie des Dames, 1634.

GIRAULT DE SAINVILLE

Philadelphe, nouvelle égyptienne, 1687.

GOMBAULD

L'Endymion, 1624.

GOMBERVILLE (MARIN LE ROY, SEIGNEUR DE)

La Carithée contenant sous des temps, des provinces et des noms sup-
posez plusieurs rares et véritables histoires de notre temps, 1621.
Cytherée, 1642.
L'Exil de Polexandre et d'Ericlée, 1619.
L'Exil de Polexandre où sont racontées diverses aventures de ce grand
prince, Ire partie, 1629.
La jeune Alcidiane, 1651.

GONON (LE P. BENOIST)

La Chasteté récompensée ou l'histoire de sept pucelles doctes et sçavantes,
1643.
Histoires véritables et curieuses, où sont représentées les étranges aventures des personnes illustres, 1644.

GONTIER (J. P., SIEUR DE)

Les amours de la belle du Luc, où est demonstrée la vengeance de l'amour envers ceux qui mesdisent de l'honneur des Dames, 1606.

GRAAFT (DE)

Aventures secrettes et plaisantes recueillies par M. de G. . . ., 1696.

GRENAILLE (FRANÇOIS DE, SIEUR DE CHATOUNIÈRES)

Les amours historiques des princes, 1642.

GUÉRIN DE BOUSCAL

Antiope, 1644.

GUILHET (GEORGES)

La Reine d'Ethiopie, historiette comique, 1669.

GUILLAUME (MME JACQUETTE)

La Femme généreuse, 1643.

GUTTIN (JACQUES)

Epigone, histoire du siècle futur, 1659.

GUY DE TOURS

Les Amours de Pâris et d'Oenone, 1602.

HOTMAN (FRANÇOIS, SIEUR DE LA TOUR)

Histoire celtique où sous les noms d'Amindorix et de Célanire sont comprises les principales actions de nos roys et les diverses fortunes de la Gaule et de la France, 1634.

HUGO (L. C.)

L'Histoire de Moyse, 1699.

HUMBERT (ANTOINE, DE QUEYRAS)

Alexandre et Isabelle, histoire tragi-comique, où se voit un véritable récit des aventures et des amours les plus belles de ce temps, 1626.

Les Amours d'Ircandre et Sophronie, 1636.

Les Fortunes diverses de Chrysomire et de Kalinde, où par plusieurs événemens d'amour et de guerre sont representées les intrigues de la cour, 1635.

Histoire de la cour sous les noms de Cléomédonte et de Hermilinde, 1629.

Les Triomphes de la guerre et de l'amour, histoire admirable des sièges de Cazalie et de Lymphirée, 1631.

INTRAS (JEAN D', DE BAZAS)

Le duel de Tithamante, histoire gascone, 1603.

Le lict d'honneur de Chariclée, où sont introduites les infortunées et tragiques amours du Comte de Mélisse, 1603.

Le Martyre de la fidélité, 1604.

c

Le Portrait de la vraye amante contenant les Estranges avantures de Calaris et la Parfaicte Constance de Lysbye, 1604.

ISARN (SAMUEL)
La Pistole parlante, ou la métamorphose du Louis d'Or, 1660.

JACQUIN (TROPHINE)
Mélyanthe et Cléonice, histoire tragé-comique, 1620.

JULIARD (JEAN)
Les amours de l'amant converti, . . ., 1604.

JUVENEL (FÉLIX DE)
Don Pélage ou l'entrée des Maures en Espagne, 1645.

JUVENEL (HENRI DE)
Le Comte de Richemond, 1680.
Edouard, histoire d'Angleterre, 1696.
La hardie Messinoise, 16 . . . Attributed by Barbier.

JUVERNAY (J.)
La Zélatychie, our les Amours infortunées de Cléandre et Lyranie, 1627.

LA CALPRENÈDE (GAUTIER DE COSTE DE)
Cassandre, 1642–1645.
Cleopâtre, 1646.
Pharamond ou Histoire de France, 1661–1670.

LA CALPRENÈDE (MME DE)
Les nouvelles ou les divertissemens de la princesse Alcidianne, 1661.

LA CHAPELLE (JEAN DE)
Marie d'Anjou, reine de Maïorque, nouvelle historique et galante, 1681.

LA CHARNAYS (SIEUR DE)
See: COTIGNON (PIERRE) SIEUR DE LA CHARNAYS

LA FAGE (LE SIEUR DE)
La vie, les amours et les combats de Polynice, 1617.

LA FAYETTE (MME MARIE-MADELEINE PIOCHE DE LA VERGNE, COMTESSE DE)
La Comtesse de Tende, nouvelle historique, 1677.
La Princesse de Clèves, 1678.
La Princesse de Montpensier, 1662 (1660?).
Zayde, en tête: Lettre de M. Huet à M. Segrais, De l'origine des romans, 1670.

LAFFEMAS (BARTHELÉMY DE)
Histoire des amours tragiques de ce temps, 1607.

LA FONTAINE
   Les Amours de Psiché & de Cupidon, 1669.

LA FORCE (MLLE CHARLOTTE-ROSE DE CAUMONT DE)
   Gustave Vasa, histoire de Suède, 1697.
   Histoire de Marguerite de Valois, reine de Navarre, soeur de François Ier,
   1696.
   Histoire secrète de Henry IV, roy de Castille, 1695. See: ANON., 1695.
   Histoire secrette de Marie de Bourgogne, 1694.

LA HAYE (DE)
   La nouvelle Amaranthe, 1633.
   Le passe-tems de Thiris, et l'occupation de Philiste, contenant la notable
   infidelité d'un amant et la simplicité d'une Demoiselle innocente, 1624.

LA LANDE
   Les aventures nonpareilles d'un marquis espagnol, 1620.

LA MÉNARDIÈRE
   Histoire de Mme de Bagneux, 1675.

LANNEL (JEAN DE)
   Le roman satyrique, 1624.

LANSIRE (LE SIEUR DE)
   La Diane desguisée, 1647.

LA PLACE (LE SIEUR DE)
   La Chasteté violée ou la cruauté d'une Damoiselle envers son mary et
   d'un gentilhomme envers sa femme, et la juste punition de tous deux,
   1604.

LA REGNERYE (SIEUR DE)
   Les constantes et infortunées amours de Lintason avec l'infidele Pallinoé,
   1601.
   L'Inconstance de Clétie, ensemble les Amours de Cléante et de Cléonie,
   1624.

LA ROBERDIÈRE (SIEUR DE)
   L'Amant cloitré ou les aventures d'Oronce et d'Eugénie, 1683.

LA ROCHE-GUILHEM (MLLE DE)
   Almanzaïde, nouvelle, 1674.
   Les Amours de Néron, 1695.
   Arioviste, histoire romaine, 1674.
   Le Grand Scanderberg, nouvelle, 1688.
   Histoire des favorites, contenant ce qui s'est passé de plus remarquable
   sous plusieurs règnes, 1697.

Journal amoureux d'Espagne, 1675.
Nouvelles historiques, 1692. See: DUFRESNY, 1692.
Thémir ou Tamerlan, empereurs des Tartares, 1675.
Zingis, histoire tartare, 1691.

LARREY (ISAAC DE)
L'Héritière de Guyenne ou histoire d'Eléonor, fille de Guillaume, dernier duc de Guyenne, femme de Louis VII, 1691.

LA SERRE
See: PUGET DE LA SERRE.

LE FEBVRE
See: ROCOLES, J. B. DE
Les Amours d'Antiocus, Prince de Syrie et de la Reine Stratonique, 1679.

LE MAIRE (H. C. L.)
La Prazimène, 1637.

LE NOBLE DE TENNELIÈRE (EUSTACHE, BARON DE SAINT GEORGE)
Abra-Mulé, l'histoire du déthronement de Mahomet IV, nouvelle historique, 1696.
La fausse comtesse d'Ysambert, nouvelle divertissante, 1697.
Le gage touché, histoire galante et comique, 1698.
Histoire et les avantures de Kemiski, Géorgienne, par Mme D . . ., 1697.
See: CHEVREMONT, 1696.
Ildegerte, reine de Norwège ou l'amour magnanime, nouvelle historique, 1693.
Mémoires de la vie de Mlle Delfosses ou le Chevalier Baltazard, 1695.

LE NOBLE DE TENNELIÈRE (EUSTACHE, BARON DE SAINT GEORGE)
Mylord Courtenay, ou histoire secrète des premières amours d'Elizabeth d'Angleterre, 1697.
Voyage de Falaise, 1697.
Voyages imaginaires, s.l.n.d.
Zulima, ou l'amour pur, seconde nouvelle historique, 1694.

LE PAYS (CLAUDE)
Amitiés, Amours et Amourettes, 1664.
Le Louis d'Or politique et galant, 1661.
Le Violon marquis ou le marquis violon, 1658.
Zélotyde, histoire galante, 1664.

LE ROU
  Histoire de Célimaure et Télesmène, 1664.

LESCONVEL (PIERRE DE)
  Les actions héroïques de la comtesse de Montfort, duchesse de Bretagne, nouvelle historique, 1697.
  Anne de Montmorency, Connestable de France, nouvelle historique, 1697.
  Aventures de Jules César et de Murcie dans les Gaules, ou le modele de l'amour parfait, 1695.
  La Comtesse de Chateaubriant, ou les effets de la jalousie, 1695.
  Le Prince de Longueville et Anne de Bretagne, nouvelles historiques, 1697.
  Le Sire d'Aubigny, nouvelle historique, 1698.

LE VAYER DE BOUTIGNY (ROLAND)
  See: SEGRAIS, 1648.
  Tarsis et Zelie, 1659.

L'HÉRITIER DE VILLANDON (MLLE MARIE-JEANNE)
  L'Adroite princesse, ou aventures de Finette, 1695.
  L'Avare puni, nouvelle historique en vers, 1660.
  Les Enchantements de l'éloquence, ou les effets de la douceur, 1695.
  Judith ou la délivrance de Bethunie, 1660.
  Marmoisan ou l'innocente tromperie, nouvelle heroïque et satirique, 1695.

LIVET
  Le Democare sanglant enrichy d'un bois mystique, où sont les tombeaux des plus parfaits amants de France, 1623.

LOGEAS
  L'Histoire des trois Frères, Princes de Constantinople, Rosidor, Palmenio et de Clarian de Grece, 1622.
  Le Romant héroïque, où sont contenus les mémorables faits d'armes de Dom Rosidor, Prince de Constantinople, et de Clarisel le Fortuné, 1631.
  Les travaux du Prince inconnu, 1634.

LOUBAYSSIN DE LA MARQUE
  Les aventures héroïques et amoureuses du comte Raymond de Toulouse et de don Roderic de Vivar, 1619.

LOURDELOT
  La Courtisane solitaire, 1622.

LYON (E. C.)
  La Constance d'Alisée et de Diane, 1602.

MAILLY (LE CHEVALIER DE)
Aventures secrètes et plaisantes, 1698.
Les disgraces des amants, 1690.
L'heureux naufrage, suite des avantures et lettres galantes, 1699.

MAILLY (LE CHEVALIER DE)
Rome galante ou histoire secrète sous les règnes de Jules César et d'Auguste, 1695.

MALINGRE (CLAUDE, SIEUR DE SAINT-LAZARE)
Histoires tragiques de notre temps, dans lesquelles se voyent plusieurs belles maximes d'Estat, et quantité d'exemples fort memorables, de constance, de courage, de generosité, etc., 1635.

MANTE (LE SIEUR DE)
Les mille imaginations de Cypille, ensuite des advantures amoureuses de Polidore, 1609.

MARANDÉ (LE SIEUR DE) (L.S.D.M.)
Abrégé de l'histoire d'Ariades, 1630.

MARCASSUS (PIERRE DE)
L'Amadis de Gaule, 1629.
La Clorymene, 1628.
Timandre, 1628.

MARCÉ (LA BARONNE DE) (MME L.B.D.M.)
La Cléobuline ou la Veuve inconnue, 1658.

MARCILLY (LE SIEUR DE)
See: SOREL, 1622.

MARESCHAL (ANDRÉ)
La Chrysolite ou le secret des Romans, 1627.

MAREUIL (DE)
Histoire coquette ou l'abrégé des galanteries de quatre soubrettes campagnardes, 1669.

MAROT (LOUIS) (PILOTE RÉAL DES GALÈRES DE FRANCE)
Les Beautés de la Perse, ou Description de ce qu'il y a de plus curieux dans ce royaume, avec une relation des aventures maritimes, 1673.

MARTIN (JEAN)
Les veritables amours de M. de Grandlieu et de Mlle de Beauval, 1604.

MARZILLY
See: MARCILLY

MASCRÉ
Pièces galantes, 1676.

MATTHIEU (PIERRE)
Histoire des prosperités malheureuses d'une femme Catanoise, 1617.

MENANTEL (F. DE)
Les chastes et pudiques amours du Marquis de Caelidor et de la belle
Aemée, 1612.

MÉRÉ (ELIZABETH GUÉNARD, BROSSIN DE)
Les Amours de Coralin et Palmerine, 1607.

MÉRÉ (SIEUR DE)
Les Aventures de Renaud et d'Armide, 1678.
Les Disgraces des amants, 1690. See: MAILLY, 1690.

MERILLE (N.)
La Philomene, où l'on voit la fidelle amitié, persecutée par des adventures
les plus infortunées de ce temps, 1630.

MERVILLE (MME BRUNEAU DE LA RABATELLIÈRE, MARQUISE DE)
(M.D.M.)
Le Solitaire de Terrasson, nouvelle, 1667.

MEZERAY ET MLLE DE SENECTERRE (SENECTAIRE)
Orasie, roman historique, 1645.

MONTAGATHE (SIEUR DE)
L'Angélique, 1626.
Les deux Déesses, 1625.
L'Uranie, où se voyent plusieurs aventures amoureuses et guerrières,
1625.

MONTFALCON (DE)
Le Comte de Soisson, 1680.

MONTFAUCON DE VILLARS (L'ABBÉ)
L'amour sans faiblesse ou Anne de Bretagne (et Almanzaria), 1671.

MONTLUC (ADRIEN DE, COMTE DE CRAMAIL) (DE VAUX)
L'infortune des filles de joye, 1624.
Jeux de l'inconnu, 1630.
Les Pensées du solitaire, 1629-1630.

MORAIS (DE)
Les Amantes infideles trompées, histoire véritable, 1638.

MOREAU (MOREAUX)
Les Filles enlevées, 1643.

MORÉRI (LOUIS)
Le pays d'amour, nouvelle allégorique, 1665.

MOULINET (SIEUR DU PARC)
Les Agréables diversités d'amour sur les aventures de Chrisaure et de Phinimène, 1613.
Les Amours de Floris et Cléonthe, 1613.
Les Fidèles Affections, 1614.

MOUSÉ (SIEUR DE)
Les larmes de Floride essuyées par Minerve, 1627.

MURAT (HENRIETTE JULIE DE CASTELNAU, MME LA COMTESSE DE)
Histoires sublimes et allégoriques, 1699.
Le Voyage de campagne, 1699.

NERVÈZE (ANT. SIEUR DE)
Amours diverses, divisées en dix histoires, 1606.
Les Avantures de Lidior, où sont representez les faicts d'armes et ses amours, 1610.
Les avantures guerrieres de Leandre, 1608.
Les Religieuses Amours de Florigene et Meleagre, 1601.
La victoire de l'amour divin soubs la description des amours de Polydore et de Virgine, 1608.

NODOT (LE SIEUR FRANÇOIS)
Histoire de Melusine, chef de la maison de Lusignan et de ses fils tirée de la chronique du Poitou, 1698.
La Rivale travestie, ou les aventures galantes arrivées au camp de Compiegne, 1699.

NORSÈGUE
Histoire de Cusihnarea, Princesse de Péru, de Glanguis et de Philamon, avec la rencontre d'Agatias passant les Alpes, 1662.

ORTIGUE DE VAUMORIÈRE
See: VAUMORIÈRE.

PARIVAL (J. N. DE)
Histoires facétieuses et morales, 1663.
Histoires tragiques de notre temps arrivées en Hollande, 1662.

PEBERAC (DE, DE MONTPEZAT)
Le Cléandre d'amour et de Mars, où soubz le nom d'un Prince de Loriane, sont desduictes les adventures amoureuses d'un Prince François, 1620.

PELISSÉRI (DE)
Histoire de l'origine de la royauté et du premier etablissement de la grandeur royale, 1684.
Laodice, 1660.

PILOUST (NIC.)
Le cercueil des amants, où est naïvement dépeint le triomphe cruel de l'amour, 1611.
La Perfidie d'amour ou les Amours de Philocaste, 1615.
Le roman royal, ou l'histoire de notre temps, 1621.
Le Tableau des déserts enchantés, 1614.

PIQUÉ
See: J.P.B.R., 1645.

POIRET (PIERRE)
La Theologie du coeur, contenant le Berger illuminé, roman mystique, 1696.

POISSON
Les galantes Dames, ou la confidence réciproque, 1685.

POMERAY (LE SIEUR)
La Polyxene du Sr de Molière, avec la suite et conclusion par Pomeray, 1632.

PONTIS (LOUIS DE)
Mémoires, rédigés par Thomas du Fossé, 1676.

POUTRAIN (DE)
Le Combat de l'amour et de la Fierté, 1666.

PRÉCHAC (LE SIEUR DE)
L'Ambitieuse Grenadine, histoire galante, 1678.
Le Batard de Navarre, nouvelle historique, 1683.
Le beau Polonais, nouvelle galante, 1681.
Cara Mustapha, grand-vizir, histoire, 1684.
Le Comte de Tekely, 1686.
Les Désodres de la bassette, nouvelle galante, 1682.
La duchesse de Milan, histoire galante, 1682.
Le fameux voyageur, 1682.
Le Grand Sophi, nouvelle allégorique, 1685.
Le Gris de lin, histoire galante, 1680.
L'Héroine mousquetaire, histoire véritable de Mme Christine, Comtesse de Meyrac, 1677.
Histoire du comte de Génévois et de Mademoiselle d'Anjou, 1680.

Histoire du grand vizir Acmet Coprogli pacha, 1677.
L'Illustre Génoise, histoire galante, 1685.
L'Illustre Parisienne, histoire galante et véritable, 1679.
Les Intrigues découvertes, ou le Caractère de divers esprits, 1686.
Melisthenes, s.l.n.d.

PRÉCHAC (LE SIEUR DE)
La noble Venitienne, ou la bassette, histoire galante, 1676.
Nouvelles galantes du temps et à la mode, 1680.
Le Prince esclave, nouvelle historique, 1688.
La Princesse d'Angleterre ou la duchesse reine, 1677.
La Princesse de Fez, 1681.
La querelle des dieux sur la grossesse de Mme la Dauphine, 1682.
Le roman comique de Scarron avec la suite par de Prechac, 1679.
Le secret, nouvelles historiques, 1683.
Seraskier bacha, nouvelle du temps, 1685.
Le Triomphe de l'amitié, histoire galante, 1679.
Le Voyage de Fontaine-bleau, 1678.
Le Voyage de la reine d'Espagne, 1680.
Yolande de Sicile, 1678.

PRÉFONTAINE (CÉSAR-FRANÇOIS OUDIN, SIEUR DE)
La Diane des Bois, 1632.
Le Maître d'hôtel aux halles, 1670.
L'Orphelin infortuné, ou le portrait du bon frère, histoire comique et véritable, 1660.
Le Poëte extravagant, avec l'assemblée des filous et des filles de joye, et le Praticien amoureux, nouvelles plaisantes, 1670.
Recueil (nouveau) de divertissements comiques, 1670.

PRIEZAC (SALOMON DE, SIEUR DE SAUGUES)
Olynthie, 1655.

PRINGY (MME DE)
L'Amour à la mode, satyre historique, 1695.
Les Amours de la belle Junie ou les sentiments Romains, 1698.
Les différens caracteres de l'amour, 1685.

PRODEZ DE BERAGREM (PIERRE-FRANÇOIS)
Mémoires de Pierre François Prodez de Beragrem, marquis d'Alamchen, contenant ses voyages et tout ce qui lui est arrivé de plus remarquable; le tout fait par lui-même, 1677.

PUGET DE LA SERRE (JEAN)
Les Amours des Déesses, avec les amours de Narcisse, 1627.
Les Amours des Dieux, 1624.
Amours du Roi et de la Reine, sous le nom de Jupiter et de Junon, avec les magnificences de leurs nopces, 1625.
Les artifices de la cour, ou les amours d'Orphée et d'Amaranthe depuis trois mois, 1618.
La Clitie ou le Romant de la Cour, 1630.
Le Roman de la cour de Bruxelles, ou les adventures des plus braves cavaliers qui furent jamais et des plus belles dames du monde, 1628.

PURE (GELASIRÉ, L'ABBÉ MICHEL DE)
La Pretieuse ou le Mystere des ruelles, 1656.

QUESNOT (J. J.)
La Femme démasquée, ou l'amour peint selon l'usage nouveau, 1698.

QUINET
La Duchesse de Médo, nouvelle historique et galante, 1692.

RAGUENET (L'ABBÉ FR.)
See: ANON., Zamire, histoire persane, 1687.

RAVEZ (CLAUDE)
Dom Alvare, nouvelle allégorique, s.d.

REBOUL (GUILLAUME)
Le Nouveau Panurge avec sa navigation en l'isle imaginaire, son rajeunissement en icelle et le voyage que feit son esprit en l'autre monde, 1615.

RÉMY (A.)
L'Angélique, 1625.
Les Amours d'Endymion et de la lune, 1624.
La Galthée ou les Avantures du Prince Astyages, histoire de notre temps, où sous noms feints sont representez les amours du Roy et de la Reyne, 1625.

ROBERDAY
La Curiosité dangereuse, nouvelle galante, historique et morale, 1698.

ROBERDIÈRE (SIEUR DE LA)
See: LA ROBERDIÈRE.

ROCHE-GUILHEM (MLLE DE LA)
See: LA ROCHE-GUILHEM.

ROCOLES (JEAN-BAPTISTE DE, SIEUR DE MONTMARTIN)
Amours d'Antiochus, 1679. See: LE FEBVRE, 1675.
La Fortune marastre de plusieurs princes . . . de toutes nations, 1684.
Les impostures insignes ou histoires des plusieurs hommes de néant, 1683.
La Vie du Sultan Gemes, frère unique de Bajazet II du nom, Empereur des Turcs, 1683.

ROSSET (FRANÇOIS DE)
Histoire des amants volages de ce temps où sous des noms empruntés sont contenues les amours de plusieurs princes, 1617.
Les histoires tragiques de notre temps, 1614.

ROUSSEAU DE LA VALETTE (MICHEL)
Bajazet, 1679.
Casimir, roi de Pologne, 1671.
Le Comte d'Ulfeld, grand-maître de Danemarck, nouvelle historique, 1677.

ROUSSEL (M.)
Histoire de Cleophas et de Sephora; les adventures diverses de leur amitié, et leur fin glorieuse, 1601.

ROZE (JEAN)
Les Amours de Soleiman Musta Feraga, Envoyé de la Porte, près sa Majesté en 1669, 1675.

SAINT-BRÉMOND
See: BRÉMOND (S.)

SAINT-HERMIN
Le Grand Roy amoureux, 1603.

SAINT-MARTIN (MME DE)
Daumalinde, reine de Lusitanie, 1682.

SAINT-MARTIN
Les disgraces de l'amour, ou le Mousquetaire amant, 1687.

SAINT-MAURICE (ALCIDE DE)
Les Fleurs des nouvelles galantes, 1668.
Fleurs, fleurettes et passetemps ou les diverses caractères de l'amour honnête, 1666.

SAINT-RÉAL (CÉSAR RICHARD DE)
Dom Carlos, nouvelle historique, 1672.

SAINTE-SUZANNE (SIEUR DE)
L'Aristée, 1635.

SAINTONGE (MME GILLOT DE)
Histoire secrète de don Antoine, roi de Portugal, 1696.

SALIEZ (ANT. LA COMTESSE DE) (ANON.)
La comtesse d'Isembourg, princesse de Hohenzollern, 1678.

SANDRAS DE COURTILZ (GATIEN)
Les conquestes amoureuses du Grand Alcandre dans les Pays-Bas avec les intrigues de sa cour, 1684.
Conquestes du marquis de Grana dans les Pays-Bas, 1686.
Les dames dans leur naturel, ou la galanterie sans façon sous le règne du grand Alcandre, 1686.
Le Grand Alcandre frustré, ou les derniers efforts de l'amour et de la vertu, histoire galante, 1696.
Les Intrigues amoureuses de la cour de France, 1684.
Mémoires de G. Comte de Chavagnac, 1699.

SANDRAS DE COURTILZ (GATIEN)
Mémoires de Messire J. B. de la Fontaine, 1698.
Mémoires de Mr. L(e) C(omte) D(e) R(ochfort), 1687.
La vie de l'amiral de Coligny, 1681.
La vie du vicomte de Turenne, 1685.

SCARRON (PAUL)
Le Faux Alexandre, 1663.
Les Nouvelles tragicomiques, traduites d'espagnol en français, 1655.
Le Romant comique, 1651.

SCUDÉRY (MLLE DE)
Almahide ou l'Esclave Reine, 1660–1663.
Les Amours de Cléante et de Cleonie, 1624.
Artamene ou le Grand Cyrus, 1649–1653.
Célinte, nouvelle première, 1661.
Clélie, histoire romaine, 1654.
Histoire de Celanire, 1671.
Histoire du comte d'Albe, 1684.
Ibrahim ou l'illustre Bassa, 1641.
Mathilde d'Aguilar, histoire espagnole, 1667.
La Promenade de Versailles, 1669.

SEGRAIS (JEAN REGNAUD, SIEUR DE)
Berenice, 1648–1651.
Histoire de la Princesse de Paphlagonie, 1656 ?
Nouvelles françaises ou les divertissements de la princesse Aurélie, 1656.

La Relation de l'Isle imaginaire, 1658.

Le Tolédan, ou histoire de Don Juan d'Autriche, 1647.

SOMEIRE (BAUDOT DE)

Alcippe ou le choix des galants, 1661.

L'Amour innocent, ou l'illustre Cavalier, 1651.

SONAN (SIEUR DE)

See: BIARD (ARTHUR)

SOREL (CHARLES)

See also: MOULINET (SIEUR DU PARC)

L'Anti-Roman ou l'Histoire du Berger Lysis, accompagnée de remarques par Jean de la Lande, 1633.

Les Avantures satyriques de Florinde, habitant de la basse région de la Lune, 1625.

Le Berger Extravagant, où parmi des fantaisies amoureuses on void les impertinences des Romans et de la Poësie, 1627.

Histoire amoureuse de Cléagenor et de Doristée, 1621.

Histoire comique de Francion, 1623.

La Maison des jeux, contenant les divertissements d'une compagnie par des narrations agréables, 1643.

Nouvelles françoises où se trouvent les divers effets de l'amour et de la fortune, 1623.

L'Orphize de Chrysante, 1626.

Le Palais d'Angelie, par le sieur de Marzilly, 1622.

Polyandre, histoire comique où l'on voit les humeurs et actions de plusieurs personnes agréables, 1648.

Recueil historique de diverses aventures arrivez (sic) aux princes, seigneurs, et grands de la cour, aux courtisans, aux sçavans, etc., 1652.

Relation de ce qui s'est passé dans la nouvelle découverte du Royaume de Frisquemore, 1662.

Relation extraordinaire, venue tout fraîchement du Royaume de Cypre, contenant le Véritable récit du Siège de Beauté, à Famagouste, 1643.

SOREL (CHARLES)

Les Visions admirables du Pèlerin du Parnasse, 1635. See: ANON., 1635.

La vraie suite des aventures de la Polyxène du feu sieur de Molière, suivie et conclue sur ses mémoires, 1634.

SUBLIGNY

La fausse Clélie, histoire françoise galante et comique, 1670.

TENAIN (MME DE)

Histoire du comte de Clare, nouvelle galante, 1696.

THÉOPHILE DE VIAU
Fragments d'une histoire comique, première journée, 1623.

TORCHE (L'ABBÉ)
La Cassette de bijoux, 1668.
Le Chien de Boulogne ou l'amant fidèle, nouvelle galante, 1668.
Le Démelé du coeur et de l'esprit, 1667.

TOURNIOL (PHILIPPES)
Les destinées des amants, tirées des amours de Philotimore, où sont
contenues plusieurs notables Histoires de ce tems, 1603.

TRISTAN L'HERMITE (FRANÇOIS)
Le Page disgracié où l'on voit de vifs caracteres d'hommes de tous
tempéramens et de toutes professions, 1642.

TURPIN (SIEUR DE CONCHAMPS)
Lysigeraste, ou les desdains de Lyside, 1628.

URFÉ (HONORÉ D')
Les Douze livres de l'Astrée, où par plusieurs histoires, et sous personnes
de Bergers et d'autres, sont deduits les divers effects de l'honneste
Amitié, 1607–1627.

VAGINEY (JEAN)
Le comte Tekely, nouvelle historique, 1686.

VAIRASSE (D.)
Histoire des Séverambes, peuples qui habitent une partie du troisième
continent ordinairement appelé Terre Australe, 1677–1679.

VANEL or VANNEL
Les Galanteries des rois de France depuis le commencement de la
monarchie jusqu'à présent, 1694.
Histoire du temps ou journal galant, 1685.

VAPERAT
Le bel Anglais, 1695.

VASCONCELLE (MME GOMEZ DE)
Le galant nouvelliste, histoire du tems, 1693.
Le Mary jaloux, nouvelle, 1688.

VAUMORIÈRE (PIERRE DORTIGUE, SIEUR DE)
Adelaïde de Champagne, 1680.
Agiathis, reine de Sparte, ou les guerres civiles des Lacédémoniens, 1685.
Amours de Mlle de Tournon, 1696.
Diane de France, nouvelle historique, 1675.

Les Galanteries amoureuses de la Cour de Grece, ou les amours de Pindare et de Corinne, 1676.
Le Grand Scipion, 1656.
Histoire de la galanterie des Anciens, 1671.
Mademoiselle d'Alençon, 1670.

VAUX (DE, ADRIEN DE MONTLUC, COMTE DE CRAMAIL)
See: MONTLUC

VERNON (LE P. JEAN-MARIE DE) (L.P.J.M.D.V.)
L'Amazone Chrétienne ou les aventures de Mme de St. Balmon, 1678.

VEYRIES (JEAN DE)
La Genealogie de l'Amour, 1609.

VIARD (LE SIEUR DE)
La Dorisandre, 1630.

VIDEL (L.)
Le Mélante, amoureuses aventures du temps, 1624.

VILLE (DE)
L'Empire de l'inconstance où, dans les plus volages amours de Cloridor, sont desduits les effects de la légereté, 1635.
Nouvelles de la cour, 1645.

VILLEDIEU (MME DE) (MLLE DESJARDINS)
Alcidamie, 1661.
Amours de Mlle de Tournon. See: VAUMORIÈRE, 1696.
Amours des grands hommes de France, 1671.
Amours du Comte de Dunois. See: VAUMORIÈRE, 1670.
Anaxandre, nouvelle, 1667.
Annales galantes de Grece, 1687.
Les Aventures ou mémoires de la vie de Henriette Sylvie de Molière, 1672.
Carmante, histoire grecque, 1668.
La chambre de justice de l'amour, 1668.
Cleonice ou le roman galant, nouvelle, 1669.
Désordres de l'amour, 1675.
Les Exilés de la cour d'Auguste, 1672.

VILLEDIEU (MME DE) (MLLE DESJARDINS)
Les galanteries grenadines, 1673.
Journal amoureux, 1669.
Lisandre, nouvelle, 1663.

Nouvelles africaines, (1687?).

Le Portefeuille, (1675?).

Portrait des foiblesses humaines, 1685.

Recueil (nouveau) de quelques pièces galantes, 1669.

VISÉ

See: DONNEAU DE VISÉ (J.).

VITTELY (DE)

Les genereuses amours de Philopiste et Mizophile, tous deux de la belle Avignon, 1603.

VOITURE (VINCENT)

Histoire d'Alcidalis et de Zélide, 1658.

VULSON (MARC DE, SIEUR DE LA COLOMBIERE)

Le Palais de curieux de l'amour et de la fortune, 1666.

D

PART II
CHRONOLOGICAL LIST

1600

BEROALDE DE VERVILLE
L'Histoire d'Herodias; icy se verront les essais de l'impudence effrenée après le vice, attirans les punitions divines sur les esprits de rébellion, Tours, 12°.
A BL 14633
In BN cat.: Histoire d'Hérodias, tirée des monumens de l'antiquité, Tours, S. Molin, 12°, 481 p.   BN Y² 42082

CHARTIER (J.)
Le nouveau miroir des voiages marins, Antwerp, 8°.   (Delcro)

CORBIN (JACQUES)
Les Amours de la Chaste Nymphe Pegase et de Lisandre et Paris, Lyon, T. Lancelin, 12°. 320 p.
8° BL 15821

CORBIN (JACQUES)
Jérusalem regnante. Abbel l'Angellier.   (Beall, MLN [1937], 482)

DU PERIER (ANTHOINE)
La Haine et l'amour d'Arnoul et de Clairemonde, A. Du Breuil, 12°, 126 p.   (Nyon)
BN Rés. Y² 1608   A BL 15471   BM 12511.bb.13 (1627) (Rolfe)

DU SOUHAIT
L'Académie des vertueux, s.l., 12°.   (Delcro)

DU SOUHAIT
Les Amours de Glorian et d'Ismène, chez la veufve Nicolas de Louvain, 12°, 96 ff.
A BL 15827

FOUET (FRANÇOIS, DE ROUEN)
Les légitimes amours et fortunes guerrières de Doris, Buon, 12°, 280 p. (Delcro)
8° BL 20953
Same as: ANON., Les Amours infortunées de Doris, 12°, 350 p. 8° BL 15720 (1601).

Probably same as: ANON., Les Amours de Philinde, Guillemet, 12°, 1601, mentioned by Quérard. In 8° BL 20953: "Je lui avais donné le nom de Philinde, qui signifie agréer et plaire."

GARON (LOUIS)

Le Chasse-Ennuy, ou l'honnête entretien des bonnes compagnies, G. Bontemps, 12°, 550 p.

BN Z. 18056

Tales and anecdotes.

1601

ANON.

Fantaisies amoureuses, où sont descrits les amours d'Alério et Mariane, Rouen, R. de Beauvais ou Jean Osmont, 12°, 471 p.

A BL 15399

ANON.

Les tragiques amours du fidel' Yrion et de la belle Parithée, où se voit combien peut un' amour honorablement et sainctement poursuivie et comme se termine celle qui a ses intentions impudiques, J. Canut et H. Mareschal, 12°.   (Delcro)

8° BL 21192 (lost)

BAZYRE (G. DE)

Les Amours d'Amynthis et de la belle Odylie, 20 p.

BN Rés. Ye. 3538

Uncertain if novel. BN copy has only dedication and pièces liminaires. (Reynier)

BAZYRE (G. DE)

La Bergere de la Palestine, A. du Breuil, 12°, 164 ff.

8° BL 18459

Reynier (p. 246) says from Tasso.

CORBIN (JACQUES)

Les Amours de Philocaste, ou par mille beaux et rares accidens il se voit que les variables hazards de la fortune ne peuvent rien sur la constance de l'amour, J. Gesselin, 12°, 144 ff.

BN Y² 7299   A BL 16118 (1661, anon.)

DES ESCUTEAUX

Les Amours de Clarimont et Antonide, 12°, 312 p.   (Reynier)

8° BL 20843 (1602)   BM 12516.de.9 (1607)   (Rolfe)

This story became no. 2 of: Amours diverses, 1613.

DES ESCUTEAUX
Les Infortunez et chastes amours de Filiris et Isolia, 12°, 325 p. (Reynier)
This story became no. 1 of: Amours diverses, 1613.

DU PERIER (ANTHOINE)
Les Amours de Pistion, 12°, 381 p. (Nyon)
8° BL 22693

DU SOUHAIT
Les Propriétés d'amour et les propriétés des amans, contenant une histoire véritable des amours de Filine et de Polymante, J. Houzé, 12°, 73 ff. (Reynier)
8° BL 21040

ESPINAUD
Les Amours de Geneviève et d'Ariodant, à l'imitation de l'Arioste, Lyon, T. Ancelin, 12°, 99ff.
8° BL 21096

FOUET (F.F.D.R.)
Les Amours de Philinde, Guillemot, 12°. (Reynier, Quérard)
See: FOUET, 1600.

FOUET (F.F.D.R.)
Floriane, son amour, sa pénitence et sa mort, M. Guillemot, 12°, 83 p.
8° BL 19375
Avis: Aretino vêtu à la françoise.

LA REGNERYE
Les constantes et infortunées amours de Lintason avec l'infidele Palinoé, M. Guillemot, 12°, 405 p. (Nyon)
8° BL 21256

NERVÈZE (A. DE)
Les Religieuses amours de Florigene et Meleagre, 12°. (Reynier)
A BL 15799 (1602)
This story became no. 6 of: Amours diverses, 1605.

ROUSSEL (M.)
Histoire de Cleophas et de Sephora; les adventures diverses de leur amitié et leur fin glorieuse, 12°, 144 p.
8° BL 19371
Reynier gives anon.

1602

E.C.
La constance d'Alisée et de Diane, Lyon, C. Morillon, 12°, 180 p.
(Reynier)
8° BL 20522 (anon.)

F.D.C.
L'Ostracisme d'amour ou le Banissement de l'amant fidelle, J. Gesselin,
12°, 60 ff. (Reynier)

L.J.D.M.
La naissance d'un bel amour sous les noms de Patrocle et Philomelle,
histoire veritable et advenue, G. Robinot, 12°.
A BL 13304
Nyon gives: L'Eorcaligenesie ou la naissance, etc. Reynier says: dedica-
tion signée I.I.D.M.P., Parisien.

S.D.L.G.C.
Histoire ionique des vertueuses et fideles amours de Poliphile Pyrenoise
et de Damis Clazomenien, A. L'Angelier, 12°, 398 ff.
8° BL 21540

DES ESCUTEAUX
Les Adventureuses fortunes d'Ipsilis et d'Alixée. (Reynier)
This story became no. 4 of: Amours diverses, 1613.

GUY DE TOURS
Les Amours de Pâris et d'Oenone, Tours Molin, 12°. (Reynier)
8° BL 17353

1603

I.D.R.
Les divers effects d'amour advenus à la belle Fulvia, Venetienne, A.
L'Angelier, 12°, 94 ff.
BN Y² 485 (Bibliothèque du Roi cat.)

BEAULIEU (MLLE DE) (D.B.)
L'Histoire de la Chiaramonte, par une Demoiselle françoise, J. Richer,
12°, 221 ff. (Nyon, Quérard)
8° BL 20815

CORBIN (JACQUES)
Le Martyre d'Amour, où par la funeste fin de Cariphile et de son Amante, tous deux martyrisez, est tesmoigné le misérable événement d'un amour clandestin, Lyon, S. Rigaud, 12°, 134 p.
BN Rés. Y² 2099

DES ESCUTEAUX
Les véritables et heureuses amours de Clidamant et Marilinde, 12°.
(Reynier)
This story is no. 3 of: Amours diverses, 1613.

DU PONT (J. B.)
L'Enfer d'amour, où par trois histoires est monstré à combien de malheurs les amants sont subjects, 12°, 117 ff.
8° BL 20117 (Lyon)   8° BL 20119 (1619)

FAVRE
Le Miroir qui représente la fidelité sous les amours du Prince Polidon et de la belle Carité, J. Gesselin, 12°.
8° BL 21532

INTRAS (JEAN D', DE BAZAS)
Le Duel de Tithamante, histoire gascone, 12°, 252 p.   (Reynier)
8° BL 21703 (1609)

INTRAS (JEAN D', DE BAZAS)
Le Lict d'honneur de Chariclée, où sont introduites les infortunées et tragiques amours du Comte de Melisse, R. Fouët, 12°, 100 p.   (Reynier)
8° BL 21810 (1609)

SAINT-HERMIN
Le Grand Roy amoureux, Lyon, 12°.
8° BL 17654 (lost)

TOURNIOL (PHILIPPES)
Les destinées des amants, tirées des amours de Philotimore, où sont contenues plusieurs notables histoires de ce tems, C. de la Tour, 12°, 95 ff.
8° BL 12032

VITTELEY (DE)
Les genereuses amours de Philopiste et Mizophile, tous deux de la belle Avignon, Langres, Jean de Preyz, 12°, 111 p.
8° BL 21505   BM O 12552.1.5   (Rolfe)

1604

ANON.
Le Dessert des mal souppés, Rouen, 8°.   (Delcro)

ANON. (H. C.)
Les infortunées et chastes amours de Filerophon et la Belle de Mantoue,
M. Patisson, 12°, 115 ff.
8° BL 21035

ANON.
Les Tragiques et infortunez amours d'Amphion et de Philomelie, Denis
du Val, 12°.   (Reynier)

CORBIN (JACQUES)
Les trophées de l'amour, T. Du Bray, 12°, 479 p.
BN Y² 7995   A BL 15149

INTRAS (JEAN D', DE BAZAS)
Le Martyr de la fidélité, Robert Fouët, 12°, 75 p.
8° BL 20283 (1609, but priv. 1604)

INTRAS (JEAN D', DE BAZAS)
Le portrait de la vraye amante, contenant les Estranges avantures de
Calaris et la Parfaicte Constance de Lisbye, 12°.
8° BL 20755 (1609)
Reynier gives 1604 (?)

JULIARD (JEAN)
Les amours de l'amant converti, en forme de dialogue, auquel l'amant
redorque l'instabilité et variété de la femme, en exaltant la constance et
prudence de l'homme: au contre Diane respond et monstre l'inconstance
d'iceluy, et esleve la grand'conduite, dextérité et admirable fidélité de
plusieurs femmes, le tout par exemples tirés des Histoires, tant payennes
que sainctes, come celle du tems présent, Lyon, 16°, 367 p.
8° BL 20017

LA PLACE (SIEUR DE)
La Chasteté violée ou la cruauté d'une Demoiselle envers son mary et
d'un gentilhomme envers sa femme, et la juste punition de tous deux,
A. Saugrain, 12°, 84 ff.
8° BL 20212

MARTIN (JEAN)
Les veritables amours de M. de Grandlieu et de Mlle de Beauval, 12°.
(Delcro)

1605

ANON.

Les pudiques amours de Calistine, avec ses disgraces et celles d'Angelie, composées par une jeune Demoiselle, Jean Gesselin, 12°, 137 ff.
8° BL 207 61

ALLARD (MARCELLIN)

La Gazette Françoise, P. Chevallier, 8°, 370 p.
BN Rés. Z. 2814
Tales, anecdotes and moralities.

DES ESCUTEAUX

Les Amours de Lydiam et Floriande, T. Du Bray, 12°, 205 ff.
8° BL 21248

DUPONT (J. B.)

Le Miroir des Dames, où les effects d'une saincte amitié sont en vif représentés, Lyon, 12°.
8° BL 19391

ESTIVAL

Les Alarmes d'Amour où les effects plus violans se voyent heureusement surmontés par la fidelité de Philismond et Pandionne, Lyon, T. Ancelin, 12°. (Reynier)
A BL 16117 (8° BL 21499) is actually: ESTIVAL (J.), La Suite des alarmes, 1607. See: ANON., 1607.
Also attributed to J. Duval.

FAURE (M.)

La vivante Filonie, J. Gesselin, 12°, 109 ff. (Reynier)
BN Y² 7168 (1606)   A BL 15784

1606

AUDIGUIER

La Flavie (de la Menor), 12°, 174 p.
8° BL 21046

GONTIER (J. P., SIEUR DE)

Les amours de la belle du Luc, où est démontrée la vengeance de l'amour envers ceux qui mesdisent de l'honneur des Dames, Lyon, 12°. (Delcro, Nyon)
A BL 15160 and 15954 (both lost)

NERVÈZE (SIEUR DE)
Amours diverses, divisées en dix histoires, T. Du Bray, 12°, 3 vol.
(Delcro, Brunet)
8° BL 20185 (1606)
Reynier gives as 1606; other editions: 1611, 1615, 1621.
Includes: Le Triomphe de la constance, où sont descriptes les amours de
Cloridon et de Melliflore.

1607

ANON. (ESTIVAL)
La Suite des Alarmes d'Amour, représentée sur le Théâtre de Mars,
Lyon, T. Ancelin, 12°.
A BL 16117 (8° BL 21499)
See: ESTIVAL, 1605.

AUDIGUIER (VITAL D')
Les douces affections de Lydamant et de Callyante, T. Du Bray, 12°,
287 p.
8° BL 21246

BLAISE DE SAINT-GERMAIN
Histoire tragique des amours du brave Florimond et de la belle Clytie,
Lyon, Pierre Rigaud, 12°, 176 p.
8° BL 21063

DES ESCUTEAUX
Les Amours diverses, Rouen, 12°, 3 vol.
8° BL 20188 (1613) (1 vol., 672 p. with 4 stories)
BM 12510.aa.12 (1607)   (Rolfe)

LAFFEMAS (BARTHELÉMY DE)
Histoire des amours tragiques de ce temps, 12°, 173 p.   (Reynier)
8° Rés. BL 20196

MÉRÉ (ELIZABETH GUÉNARD, BROSSIN DE)
Les amours de Coralin et Palmerine, F. Huby, 12°, 91 p.
BN Y² 7130

URFÉ (HONORÉ D')
L'Astrée, Ière partie, T. Du Bray, 8°.
A BL 15488 (1633)

1608

DEIMIER (PIERRE DE)
Histoire des amoureuses destinées de Lysimont et de Clytie, Jean Millot,
12°, 476 p. (Barbier)
8° BL 21265

DEIMIER
Le Printemps des lettres amoureuses, 12°, 476 p. (Delcro)
Listed by Reynier as novel.

NERVÈZE
Les avantures guerrieres et amoureuses de Léandre, Lyon, 12°, 2 vol.
(Delcro)
8° BL 21236
From (?): PIER DURANTE DA COCALDO, Libro d'arme e d'amore chiamato
Leandra, 1508. (Brunet, *Coccaio*, p. 46, note)
Became no. 9 of: Amours diverses, 1611.

NERVÈZE
La victoire de l'amour divin soubs les amours de Polydore et de Virginie,
divisée en sept journées, 12°, 142 ff.
8° BL 19394
Became no. 8 of: Amours diverses, 1611.

1609

ANON.
Les amours de Melite et de Statiphile, David le Cler, 12°, 112 ff.
8° BL 21340

ANON.
Histoire des amours de Gertrude, dame de Chateaubrillant, et de Roger,
comte de Montfort, Cologne, 12°. (Delcro)

O.D.L.T.G.G.
Le Pelerin d'amour, divisé en quatre journées, Bergerac, Gilbert Vernoy,
12°, 2 vol.
8° BL 20144 (vol. I only)

DU LISDAM (H.)
L'Olympe d'amour, histoire non feinte ny puisée ès fabuleux escrits;
ains veritable et digne d'estre leue des beaux esprits, Lyon, Cl. Morillon,
12°. (Reynier)

DU SOUHAIT

Les chastes Destinées de Cloris ou le Roman des histoires de ce temps, F. Huby, 12°, 158 ff. (Reynier)
8° BL 20904 (anon.)

MANTE (SIEUR DE)

Les mille imaginations de Cypille, ou suite des advantures amoureuses de Polidore, Saugrain, 12°, 134 p. (Barbier)
8° BL 20923 (anon.)
Au lecteur: "Vous savez en quels termes nous avons abandonné cette nepée."

VEYRIES (JEAN DE)

La Généalogie de l'amour, 8°, 438 p.
8° BL 20128

1610

D.L.

Prologues tant sérieux que facétieux, Jean Millot, 8°, 268 p.

P.D.L.

Le Paradis d'amour, ou la chaste matinée du fidell' amant, Rouen, Cl. de Villain, 12°.
BN Y² 570 (Bibliothèque du Roi; lost)
Reynier not sure this is a novel.

ASTIER (BERNARD)

Le Bouquet de la Feintise, lié d'une soye desliée par la constance, et que l'amour a faict d'un list et d'une rose sans espine, où sont ensemblement pliées les amours fleuries du Baron de Bellerose et de la marquise Debeaulis, Lyon, Pierre Rigaud, 12°, 315 p.
8° BL 20716

BELLEVILLE (PHILIPPE DE)

Théâtre d'histoire ou les grandes prouesses et aventures étranges du noble et vertueux chevalier Polimantes, Bruxelles, 4°, 592 p. (Nyon)
BN Rés. Y² 711 (1613)

BEROALDE DE VERVILLE

L'Histoire véritable ou le voyage des princes fortunés, P. Chevalier, 8°, 793 p.
BN Rés. Y² 2072   A BL 16607

BEROALDE DE VERVILLE

Le Moyen de Parvenir, oeuvre contenant la raison de tout ce qui a esté, est et sera, avec démonstrations certaines et nécessaires, (vers 1610).
BN Rés. Y² 2788
Tales and anecdotes.
Same as: Le Salmigondis, 1698

FAVORAL

L'Arioste imité, où sont naïfvement déduites les amours et estranges adventures de Zerbin et d'Isabelle, T. Du Bray, 12°, 203 p.
BN Y² 7439

NERVÈZE

Les Avantures de Lidior, où sont representez les faicts d'armes et ses amours, Lyon, T. Ancelin, 12°, 488 p.   (Reynier)
8° BL 21249 (1612)
Became no. 10 of: Amours diverses, 1611.

1611

ANON.

Thrésor de récréations contenant histoires facétieuses et honnestes propos, plaisans et pleins de gaillardises . . ., Rouen, J. Osmont, 12°, 428 p.
BN Rés. Y² 2829   8° BL 33246
Tales and anecdotes.

N.P.B. (PILOUST, NICOLAS)

Le Cercueil des amants, où est naïvement dépeint le triomphe cruel de l'amour, 12°, 119 p.   (Barbier)
BN Rés. p. Y² 321

FAVORAL

La constance d'amour, représentée au sujet des amours et grandes adventures de Philadin et de Claristie, 12°, 230 p.   (Reynier)
8° BL 21492 (1622)
Priv. 1611. In the 1622 edition there is written in ink: "L'édition de chez F. Huby 1611 in-12 est page pour page la mesme que celle-cy."

1612

ANON.

La Doctrine de Caresme prenant, dédié à tous ceux qui voudront rire depuis le bout des pieds jusqu'à la tête, 8°.   (Delcro)

DES ESCUTEAUX
  Les traverses et hasards de Clidion et d'Amidie, 12°, 480 p. (Delcro)
  8° BL 20878

DU SOUHAIT
  Histoires comiques ou entretiens facétieux de l'invention d'un des plus
  beaux esprits de ce temps, Troyes, 12°.
  8° BL 19528 (anon.)
  Tales.

MENANTEL (F. DE)
  Les chastes et pudiques amours du Marquis de Caelidor et de la belle
  Aemée, 12°, 180 p.
  8° BL 20754

1613

DÉCOIGNÉE LE JEUNE
  Silène insensé, ou l'estrange métamorphose des Amans fideles, 12°, 222p.
  8° BL 20041

DES ESCUTEAUX
  Les admirables faits d'armes d'Alcestes servant l'infidele Lydie, Saumur,
  12°, 580 p.
  8° BL 20490

DU SOUHAIT
  Le Roman d'Anacrinie, où sont représentés plusieurs combats, histoires
  véritables et amoureuses, 8°, 550 p.
  8° BL 20561 (2nd edition)

DU SOUHAIT
  Le Romant de Gloriande, ou suite du Roman d'Anacrinie, 12°.
  8° BL 21103 (Du Souhait)

ESPINAY (DE L')
  Le Théâtre des braves, où sont représentées les adventures guerrieres et
  amoureuses de Polimedor, 12°, 468 p.
  8° BL 22645

MOULINET (SIEUR DU PARC)
  Les Amours de Floris et Cléonthe, 12°, 604 p. (Adam, Roy)
  8° BL 21065 (anon.)

MOULINET (SIEUR DU PARC)
Les agréables diversités d'amour sur les aventures de Chrisaure et de
Phinimène, 12°, 582 p.   (Roy)
8° BL 20100

1614

ANON.
Le couvent aboli, nouvelle galante et véritable, 12°, 107 p.   (vers 1614)
BN Y² 7583 (Cologne, 1685)
Same as: Le Couvent aboli des Frères Pacifiques, 1685 (anon.)

MOULINET (SIEUR DU PARC)
Les Fidèles affections.   (Roy, 431)

PILOUST (N.)
Le Tableau des déserts enchantés, 12°, 472 p.
8° BL 22624
5 stories. This is the same as: Le Chevalier enchanté, 1618 (anon.) and:
Les Aventures du chevalier enchanté, 1623 (anon.)

ROSSET (FRANÇOIS DE)
Histoires tragiques de notre temps.   (Reynier)
BN Y² 63666 (Rouen, 1636)
15 stories. Augmented editions: 1619, 1621.

1615

ANON.
Histoire comique de Fortunatus.
BN Y² 12562 (1665)

ANON.
Les Triomphes d'Angélique, et le temple d'amour et de beauté, où par
l'amour et la beauté des créatures, on parvient á l'amour et la beauté du
Créateur, 8°, 155 p.
8° BL 19365
Story of Cosse family in novel form.

J.B.F.
Histoire du ravissement d'Hélène, et sujet de la guerre de Troyes, Rouen,
12°, 260 p.   (Nyon)
8° BL 17334

E

AUDIGUIER (VITAL D')
Histoire tragi-comique de Lisandre et de Caliste, 8°.
BN Y² 7236 (1616, priv. 12 août, 1615)
Same as (?): Les Amours de Lysandre et de Caliste, 1645, and Histoire des amours de Lysandre et de Caliste, Leyde, 1650. Barbier gives Leyde 1650, Amsterdam, 1657, etc.

CHADIRAC (F.)
L'Uranie de Lucidor, Bordeaux, G. Vernoy, 12°, 247 p.
BN Rés. Y² 1697   8° BL 17364

DU LISDAM (HENRI)
Les fidèles et constantes amours de Lisdamas et de Cleoninimphe, Tournon. (Delcro)

PILOUST (N.)
La Perfidie d'amour ou les Amours de Philocaste, 12°, 136 p.
8° BL 20732
Includes: Le Tombeau de M. de Boisgevert, 10 p.

REBOUL (GUILLAUME)
Le Nouveau Panurge avec sa navigation en l'isle imaginaire, son rajeunissement en icelle et le voyage que feit son esprit en l'autre monde, Lyon, 12°, 291 p.
BN Rés. Y² 2156   8° BL 21475 (anon., 1616, 390 p.)
Barbier says: livre assez rare, dont on ignore l'auteur, si ce n'est Guill. Reboul, dont il est parlé p. 160.

1616

I.D.M.G.T.
Histoire du royaume d'Antagil, Saumur, 8°, 202 p.
8° BL 19222
Author in Java, 1598. Describes Antagil, a Utopia, "au fond de la grande Jave."

DU VERDIER
Les Amans jaloux ou le Roman des Dames, 12°, 638 p.   (Reynier)
8° BL 20047 (s.d.)

GAUTHIER (PRUDENT)
La mort de l'amour, ou l'histoire des amours de Calianthe et Florifile, N. Alexandre, 12°, 345 p.
BN Y² 52549   A BL 15561

1617

AUBIGNÉ (THÉODORE AGRIPPA D')
Les Avantures du Baron de Faeneste, (1617–1630).
BN Rés. Lb³⁶ 1111A   8° BL 19664

BOITEL (PIERRE, SIEUR DE GAUBERTIN)
Circé, histoire tragique, ou suite de la defaicte du faux amour, ensemble
l'heureuse alliance du cavalier victorieux et de la belle Adrastée, P.
Chevalier, 8°, 210 p.
8° BL 17320   BN Lb³⁶ 3844

BOITEL (PIERRE, SIEUR DE GAUBERTIN)
La Defaicte du faux amour, par l'unique des Braves de ce temps député
par le soleil à l'execution d'un acte tant héroïque en l'absence des Dieux
fugitifs du ciel, P. Chevalier, 12°, 391 p.
BN Lb³⁶ 3843   8° BL 20090
A copy: La Defaicte du faux amour, differing from the combined edition
in the "facile intelligence" only.

LA FAGE (SIEUR DE)
La vie, les amours et les combats de Polynice, 8°, 618 p.   (Reynier)
8° BL 17475

MATTHIEU (PIERRE)
Histoire des prospérités malheureuses d'une femme Catanoise. (Waldberg, I, 234)

ROSSET (FRANÇOIS DE)
Histoire des amants volages de ce temps où sous des noms empruntés sont
contenues les amours de plusieurs princes, 8°.
BN Y² 8463   A BL 14136
3 stories of 100 pages each.

1618

ANON.
La Messagere d'amour, s.l., 12°.
8° BL 20153

BAREAU.
Les Amours de la Magdalene, où l'amour divin triomphe de celui du
monde, 12°, 328 p.
8° BL 19388

CONDENTIAL (J.)
La Plume dorée de Chrysantor et de la belle Angéline, où en suite de
leurs amours, on se peut instruire à coucher toutes sortes de lettres
amoureuses, 12°, 454 p.
8° BL 20822

COSTE (GUILLAUME DE)
Les bergeries de Vesper, ou les amours d'Antonin, Florelle et autres
bergers et bergères, R. Baragues, 12°, 184 p.
BN Y² 7019   A BL 16310

DES ESCUTEAUX
Le ravissement de Clarinde, histoire très véritable, Poitiers, 12°, 224 p.
8° BL 20844

PUGET DE LA SERRE
Les artifices de la cour, ou les amours d'Orphée et d'Amaranthe depuis
trois mois, 12°, 197 ff.
BN Y² 75769   A BL 13207

1619

ANON. (DE CURY)
Les travaux d'Aristée et d'Amarille, L. Boullenger, 12°, 175 p.
8° BL 17403   The Johns Hopkins University Library.

DU LISDAM (HENRI)
Les sainctes inconstances de Leopolde et de Lindarache, 12°.
8° BL 19386   BM 12510.df.19 (1619) (Rolfe)
Also given as: Les amours et inconstances de Leopolde et de Lindarache,
12°, 636 p.

GOMBERVILLE
L'Exil de Polexandre et d'Ericlée, Toussainct du Bray, 8°, 640 p.
8° BL 21525
A copy: Orile. First version of *Polexandre* in 5 vol. (Wadsworth)

LOUBAYSSIN DE LA MARQUE
Les aventures héroïques et amoureuses du comte Raymond de Toulouse
et de don Roderic de Vivar, T. Du Bray, 8°, 471 p.
BN Rés. Y² 1534   LC R. Gasc. 1894

1620

BIARD (ARTHUR, SIEUR DE SONAN)
Chriserionte de Gaule, histoire mémorable trouvée en Terre Sainte,
Lyon, 8°.
BM 12512.cc.23

CAMUS
La Mémoire de Darie, où se voit l'idée d'une devotieuse vie et d'une
religieuse Mort, C. Chappelet, 8°.
BN Y² 20726 (1624)   BN D. 27689 (1620)

CASENEUVE (L'ABBÉ PIERRE DE)
Caritée, ou la Cyprienne amoureuse, Toulouse, P. Bosc, 8°, 514 p.
BN Y² 21004
achev. d'imp. 31 nov., 1620 (Magendie)

DU VERDIER (GILBERT S.)
Le Temple des sacrifices ou l'amour, 8°, 356 p.
8° BL 22637
Same as: Sacrifices amoureux, 1623. Shepherds relate loves.

JACQUIN (TROPHINE)
Mélyanthe et Cléonice, histoire tragi-comique, P. Billaine, 8°, 413 p.
BN Rés. Y² 1655 (1621)

LA LANDE
Les aventures nonpareilles d'un marquis espagnol, 12°, 170 p.   (Barbier)
8° BL 18694

MOLIÈRE D'ESSERTINES
La Semaine amoureuse, 8°, 365 p.
8° BL 20438
Seven ladies relate loves. Modelled on Decameron.

PEBERAC (DE, DE MONTPEZAT)
Le Cléandre d'amour et de Mars, où soubz le nom d'un Prince de Loraine,
sont desduictes les adventures amoureuses d'un Prince François, Bordeaux,
12°, 184 p.
8° BL 34036

1621

ANON.
Les Amours de Néocale et de Polénice, 12°, 240 p.
8° BL 21420

ANON.
  Le Jaloux trompé, 12°, 440 p.
  8° BL 20340

CAMUS
  Agathonphile, ou les martyrs siciliens, C. Chappelet, 8°, 938 p. (Sage)
  BM 1073.c.6 (1621)   BN Y² 9759 (1623)

CAMUS
  Dorothée, ou récit de la pitoyable issue d'une volonté violentée, C.
  Chappelet, 8°, 320 p.
  BN Y² 20716

CAMUS
  Elise, ou l'innocence coupable, événement tragique de nostre temps,
  C. Chappelet, 8°.
  BN Y² 20718

CAMUS
  Parthénice, ou Peinture d'une invincible chasteté, histoire napolitaine,
  C. Chappelet, 8°, 925 p.   (Sage)
  BN Y² 9789 (1621)

DES ESCUTEAUX
  Les Malheureuses amours de Philandre, gentilhomme Bourguignon, et
  de Chrisilde, Demoiselle grecque, F. Huby, 12°.   (Reynier)

DU VERDIER (GILBERT S.)
  La Bergère amoureuse, ou les véritables amours d'Acanthe et de Daphnine,
  Billaine, 12°, 424 p.
  BN Y² 31660 (1622)   BM 12518.aaa.12 (1621)

ESPINAY (AUBUSSON, SIEUR DE)
  L'amour parfait, sous les chastes amours de Polidon et de Darinde, 12°,
  252 p. (Reynier)
  8° BL 21533 (anon.)

GOMBERVILLE
  La Carithée, contenant sous des temps, des provinces et des noms supposez plusieurs rares et véritables histoires de notre temps, Billaine, 8°,
  735 p.
  BN Y² 7093   A BL 15574

PILOUST (N.)
  Le roman royal, ou l'histoire de notre temps, 8°, 330 p.   (Barbier)
  8° BL 22557

SOREL (CHARLES)
Histoire amoureuse de Cleagenor et de Doristée, 8°, 460 p. (Roy, Magendie)
8° BL 20852

1622

ANON.
Histoire des nobles prouesses et vaillances de Gallien restauré, fils du noble Olivier le Marquis et de la belle Jaqueline, fille du Roy Hugon, Empereur de Constantinople, Troyes, J. Garnier, 4°, 124 p.
BN Y² 5996
A re-working of epic material.

CAMUS
Alexis, 8°, 3 vol. (Sage)
BN Y² 9763–9768   BM 244.d.5 (1622)

DU BAIL (LOUIS MOREAU, SIEUR)
Le sentier d'amour, ou l'histoire amoureuse et tragique de Pollidame et Deiphile, 12°, 324 p.
8° BL 22578

LOGEAS
Histoire des Trois Frères, Princes de Constantinople (Rosidor, Palmenio et de Clarian de Grèce), 8°, 782 p.
8° BL 17274
Preface announces that two more volumes will follow. See: LOGEAS, 1631 and 1634.

LOURDELOT
La courtisane solitaire, Lyon, 8°, 564 p.
8° BL 21950
Delcro attributes to Camus.

SOREL
Le Palais d'Angélie, par le sieur de Marzilly. (Roy)
8° BL 15437
Collection of tales and games, with one nouvelle.

1623

BEAULIEU (SIEUR DE)
Les Advantures de Poliandre et Théoxène, G. Bernard, 8°, 569 p.
BN Y² 16741 (1623)   A BL 16144 (1624)

CAMUS
Eugène, histoire grenadine offrant un spectacle de pitié et de piété, C. Chappelet, 16°, 387 p.
BN Y² 9778

CAMUS
Hermiante ou les deux hermites contraires, le reclus et l'instable, Lyon, J. Gaudion, 8°, 573 p.
BN Y² 9781   A BL 14668 (Rouen, 1639)
Same as: Camus, L'Hermite pèlerin, Douai, 8°, 1628.   (Sage)

CAMUS
Spiridion, anacorète de l'Apennin, C. Chappelet, 12°, 329 p.
BN Y² 20733   A BL 14685

DES ESCUTEAUX
Fin des aventureuses fortunes d'Ypsilis et Alixée, Poitiers, 12°.
BN Y² 48804   8° BL 20210 (1633)

DES ESCUTEAUX
Les Fortunes d'Almintes, Saumur, 12°.   (Nyon)
8° BL 20602

DOURLENS (DE) (S.L.D.D.)
Les aventures guerrières et amoureuses de Licide, 8°.   (Barbier, Nyon)
(Magendie, 184₁₀)
8° BL 22585

DU BAIL
Les Amours d'Amisidore et de Chrysolite, histoire véritable, où est descrite l'inconstance des amoureux de ce temps, 8°, 386 p.
8° BL 20560

DU ROSIER
Les Amours de la cour et de la Pastorale, 8°.
BM 12515.de.9 (1627)   Also in A
Includes: La Courtisane ou les Amours de Crysandre et de Clarinthe, which is Meslier's Histoire des amours tragiques (1593), and La Pastorale, ou les Amours de Philis et d'Arétuse.

DU VERDIER (GILBERT SAULNIER)
L'Amour aventureux, 8°, 736 p.   (Delcro)
8° BL 20059

DU VERDIER
Les Amours et les armes des princes de Grèce, G. Loyson, 8°, 1010 p.
(Delcro)

BN Y² 6454 (1628)

This will become vol. 4 of: Le Romant des Romans, 1626–29. (Magendie, 173)

DU VERDIER

La Diane françoise, A. de Sommaville, 8°, 807 p.   (A. Lefranc)
BN Y² 31663 (1624)   A BL 13187 (1674)
LC (Toinet Collection) (1624)

FAVORAL

Plaisantes journées du sieur Favoral, où sont plusieurs rencontres subtiles pour rire en toutes compagnies, J. Corrozet, 12°.
BN Y² 12540 (1629)   A BL 14291

LIVET

Le Democare sanglant, enrichy d'un bois mystique où sont les tombeaux des plus parfaits amants de France, Lyon, V. de Coeursilly, 12°, 131 p.
BN Y² 7138   A BL 16489

MOLIÈRE D'ESSERTINES

La Polyxène, 12°.   (Adam)
BM 12510.bbb.1 (1624)

SOREL (CHARLES)

Histoire comique de Francion, Pierre Billaine, 8°, 3 vol.   (Roy)
BN Y² 69631 (1641)   A BL 14734

SOREL (CHARLES)

Nouvelles françoises, 8°.
BN Y² 8465
5 stories. BN Y² 56908–56909 and A BL 14335: Nouvelles choisies (1645), the Nouvelles Françoises with two new stories.

THÉOPHILE DE VIAU

Fragments d'une histoire comique, Première journée, P. Billaine, 8°.
8° BL 9406 Rés.   8° BL 9050   8° BL 9051   8° BL 9052 Rés.

1624

AUDIGUIER

Les Amours d'Aristandre et de Cléonce, 8°, 383 p.   (Magendie, 184₁₃)
8° BL 20596

CAMUS

Aristandre, histoire germanicque, Lyon, J. Gaudion, 12°.
BN Y² 9769

CAMUS
Le saint désespoir d'Oleastre, Lyon, J. Gaudion, 8°, 351 p.
BN Y² 9788

COSTE (GUILLAUME DE)
Splendor et Lucinde, histoire tragique de notre tems, 8°, 518 p.
8° BL 21669   BM 1072.b.5

DU VERDIER
La Nymphe solitaire, P. Billaine, 8°, 555 p.
BN Y² 31665

DU VERDIER
La Parthénice de la Cour, 8°.
8° BL 21484
Bardon (I, 155) believes prompted by: CAMUS, 1621.

GAFFAREL (JACQUES)
Cléolthée, ou les chastes adventures d'un Canadien et d'une jeune
Natolienne, 8° 464 p.
8° BL 20867
priv. d'imp. 19 fév. 1624   (Magendie, 393)

GOMBAULD
L'Endymion, N. Buon, 8°, 372 p.
BN Rés. Y² 1466
See: RÉMY, 1624

LA HAYE
Le Passe-tems de Thirsis, et l'occupation de Philiste, contenant la notable
infidelité d'un amant et la simplicité d'une Demoiselle innocente, 12°.
8° BL 21699

LANNEL (JEAN DE)
Le Roman satyrique, T. Du Bray, 8°, 1115 p.
BN Y² 10442   A BL 14818   BM 244.f.19
Attributed also to Guillaume Colletet.

LA REGNERYE
L'Inconstance de Clétie, 8°, 286 p.
BN Y² 59891   A BL 15668
In BN: L'Inconstance de Clitie, ensemble les Amours de Cléante et de
Cléonie, au Palais par la Société, 8°.

PUGET DE LA SERRE
Les Amours des Dieux, 8°, 990 p.
BN Y² 75767 and 75768 (same edition)   A BL 13172
Pp. 1–786: Amours des Dieux.   Pp. 791–990: Amours d'Orphée.
RÉMY (A.)
Les Amours d'Endymion et de la lune, 8°, 331 p.
BN Y² 61863   8° BL 17328
See: GOMBAULD, 1624.
SCUDÉRY (MLLE DE)
Les Amours de Cléante et de Cleonie, 8°.
BN Y² 59891
Not listed by Mongrédien and Lancaster believes improbable by Madeleine at 16 years of age, but her name is printed in the book.
VIDEL (L.)
Le Mélante, amoureuses aventures du temps, 8°, 1015 p.
BN Y² 7251   A BL 16000 (1634)

1625

ANON.
Histoire du noble et vaillant chevalier Pierre de Provence et de la belle Maguelonne, fille du roy de Naples, Lyon, 8°, 32 p.
BN Y² 23917 (Toulouse)   A BL 13157
ANGOUMIS (PHILIPPE D')
Les Triomphes de l'amour de Dieu en la conversion d'Hermiogène, P. Buon.   (Magendie, 393₆)
AUDIGUIER
Diverses affections de Minerve, 8°, 145 p.
BN Z 19851 and 19852   A BL 13202   (Nyon)
Includes: Epîtres françoises et libres discours du sieur d'Audiguier et lettres espagnolles, 521 p.
CAMUS
Alcime, relation funeste, où se découvre la main de Dieu sur les impies, M. Lasnier, 12°, 680 p.
BN Y² 9762
CAMUS
Daphnide ou l'intégrité victorieuse, histoire arragonnaise, Lyon, A. Chard, 12°, 402 p.
BN Y² 20714 (1)

CAMUS

L'Iphigène, Lyon, A. Chard, 8°, 2 vol.
BN Y² 20724–20725

CAMUS

Palombe, ou la femme honorable, histoire catalane, 8°. (Sage)
BN Y² 20728 (1853) A BL 13862

CAMUS

La Pieuse Jullie, histoire parisienne, M. Lasnier, 8°, 582 p.
BN Y² 20729

COTIGNON (PIERRE, SIEUR DE LA CHARNAYS)

Le Philaxandre, 8°, 647 p. (Nyon, Lachèvre)
BN 8° Y² 51414 A BL 16123

DU VERDIER

La Floride, C. Collet, 8°, 2 vol.
BN Y² 7174–7175

MONTAGATHE (R.)

Les deux Déesses, 8°, 463 p.
8° BL 21975

MONTAGATHE

L'Uranie, où se voyent plusieurs aventures amoureuses et guerrières, 8°.
8° BL 17365

PUGET DE LA SERRE

Amours du Roi et de la Reine, sous le nom de Jupiter et de Junon, avec
les magnificences de leurs Nopces, N. Bessin, 4°, 441 p.
4° BL 4320 Rés. BM 10659.d.7

RÉMY

L'Angélique, A. de Sommaville, 8°, 482 p.
BN Y² 61864
Same as: Les Amours d'Angélique, 8°, 482 p., 1626 (D.R.) 8° BL 20574

SOREL

Les Avantures satyriques de Florinde, habitant de la basse région de la
Lune, 8°, 212 p. (Roy, Körting)
Adam (I, 143₃) denies by Sorel. Only known copy in private collection in
New York City.

1626

ANON.

Le voyage raccourci de trois bourgeoises de Paris, 8° (vers 1626).

BRETHENCOURT
   Cléante amoureux de la belle Mélisse, Rouen, 12°, 250 p.
   8° BL 20853
CAMUS
   Aloph, ou le Parastre malheureux, histoire françoise, Lyon, A. Travers,
   12°, 229 p.
   BN Y² 9799 and 20706
CAMUS
   Le Cléoreste, histoire françoise espagnolle, Lyon, A. Chard, 8°, 2 vol.
   BN Y² 9774–9775
CAMUS
   Diotrephe, histoire valentine, Lyon, A. Chard, 12°, 226 p. (Sage,
   Magendie)
   BN Y² 9777 and 20714 (1626)
   Körting gives 1624.
CAMUS
   Flaminio et Colman, deux miroirs, l'un de la fidélité, l'autre de l'infidélité
   des domestiques, Lyon, A. Chard, 309 p.
   BN Y² 9779
CAMUS
   Petronille, accident pitoyable de nos jours, 8°, 484 p. (Sage)
   BN Y² 9791   A BL 14679–14680
DU VERDIER
   Le Romant des Romans, où on verra le suitte et la conclusion de Don
   Belianis de Grèce, du Chevalier du Soleil et des Amadis, T. Du Bray,
   1626–1629. 7 vol.
   BN Y² 6275–6281
HUMBERT (ANTOINE, DE QUEYRAS)
   Alexandre et Isabelle, histoire tragi-comique, où se voit un véritable
   récit des aventures et des amours les plus belles de ce temps, A. Courbé,
   8°, 862 p.
   BN Y² 6998 and 43141   A BL 15402 (3 vol.)
MONTAGATHE
   L'Angélique, 9°, 936 p.
   8° BL 20572
SOREL
   L'Orphize de Chrysante, histoire cyprienne ou l'ingratitude punie, 8°,
   1049 p.

BN Y² 7294 (1695)   A BL 16082
Republished in 1633 under title of L'Ingratitude punie où l'on voit les
aventures d'Orphyse, Toussainct du Bray, 8°.

1627

CAMUS
  Damaris ou l'implacable marastre, histoire allemande, Lyon, A. Travers,
  12°, 210 p.
  BN Y² 20707   A BL 14649

CAMUS
  L'Hiacinte, histoire catalane, où se voit la différence d'entre l'amour et
  l'amitié, P. Billaine, 8°, 366 p.
  BN Y² 9784

CAMUS
  Régule, histoire belgique, Lyon, J. Lautret, 12°, 533 p.
  BN Y² 9796

GERZAN
  L'Histoire afriquaine de Cléomède et de Sophonisbe, C. Morlot (P.
  Rocolet), 8°, 3 vol. (1627-1628)
  BN Y² 38785-38787
  Also: Les Amours de Cléomède et de Sophonisbe.

JUVERNAY (J.)
  La Zélatychie, ou les Amours infortunées de Cléandre et Lyranie, P. Le
  Mur, 12°, 206 p.
  BN Y² 7114   A BL 16336

MARESCHAL (ANDRÉ)
  La Chrysolite ou le secret des romans, T. Du Bray, 8°, 2 vol.
  BN Y² 7107 (1634)   8° BL 20824 (1627)

MOUSÉ (SIEUR DE)
  Les Larmes de Floride essuyées par Minerve, 12°, 300 p.
  8° BL 17333

PUGET DE LA SERRE
  Les Amours des Désses, avec les amours de Narcisse, 8°, 776 p.
  BN Y² 75765   A BL 13169   BM 1074.d.7 (1627) (Rolfe)

SOREL
  Le Berger extravagant, où parmi les fantaisies amoureuses on void les
  impertinences des Romans et de la Poësie, T. Du Bray, 8°, 3 vol.
  BN Y² 76183 (1627-1628)   A BL 16397

1628

ANON.
Climandor, ou l'histoire des Princes, 8°, 894 p.
8° BL 20880 (priv. signed by Perrochel)

ANON.
Poliastre et Doriande, 12°, 58 p.
8° BL 21057

CAMUS
Calitrope ou le changement de la droite de Dieu, Lyon, 8°
A BL 14666

CAMUS
Casilde ou le bonheur de l'honnesteté, J. Moreau, 12°, 228 p.
BN Y² 9771 (1628)

CAMUS
Les Evenements singuliers ou Histoires diverses, J. Caffin, 8°, 957 p.
BN Y² 20721   A BL 14662
70 stories.

CAMUS
Hellenin et son heureux malheur, Lyon, A. Chard, 8°, 390 p.
BN Y² 9780

CAMUS
Honorat et Aurelie, événements curieux, Rouen, D. Du Petit Val, 8°,
258 p.
BN Y² 20723

CAMUS
Occurrences remarquables, J. Moreau, 8°, 472 p.
BN G 33114
28 stories.

DES ESCUTEAUX
Les jaloux desdains de Chrysis, Poitiers, 12°, 254 p.
8° BL 20823

DU BAIL
La Princesse amoureuse, sous le nom de Palmélie, 8°, 772 p.
8° BL 21469

DU VERDIER
Les Esclaves ou l'histoire de Perse, T. LeRoy, 8°, 634 p.
BN Y² 31664 (1628)
priv. d'imp. 28 juillet 1628 (Magendie, 184₂₁)

MARCASSUS (PIERRE DE)
La Clorymène, 8°, 909 p.
BN Y² 7123
priv. 1626, published in 1628 (Magendie, 184₁₇)

MARCASSUS
Timandre, 8°, 776 p.
BN Y² 7412

PUGET DE LA SERRE
Le Roman de la cour de Bruxelles, ou les adventures des plus braves
cavaliers qui furent jamais et des plus belles dames du monde, Spa, 8°,
726 p.
BN Y² 6747 and 75773   BM 12510.aaa.24

TURPIN (SIEUR DE LONGCHAMPS)
Lysigeraste, ou les dédains de Lyside, 8°, 486 p.
8° BL 21263
priv. 31 mai 1628 (Magendie 318₇)

1629

ANON.
Les Amours folastres du Filou et de Robinette, Bourg-en-Bresse, 12°,
81 p.
BN Inv. Rés. Y² 2920 (1862)   8° BL 19512
Satirical tale.

BAUDOUIN (J.)
Les Aventures de la Cour de Perse, où sont racontées plusieurs histoires
d'amour, 8°, 462 p.   (Barbier)
8° BL 18500
A copy has JDB and states in preface that the ms. was given him. Tallemant (Historiettes, éd. Mongrédien, I, 55) attributes to Mlle de Guise.

BOISROBERT
Histoire indienne d'Anaxandre et d'Orazie, où sont entremeslées les
avantures d'Alcidaris, de Cambaye et les amours de Pyroxène, F. Poneray,
8°, 760 p.
BN Y² 18624

Includes: Lettre à une dame, sur les romans, by Guez de Balzac. Probably same as: Boisrobert, Les Amours d'Anaxandre et d'Orazie, 1636, not mentioned by Magendie or Adam.

BRETHENCOURT (BOUGLER, PIERRE DE)
Les Amours diverses, Rouen, 12°, 400 p.
8° BL 20748 (priv. 1626)   BM 12518.bbb.48 (Rolfe)
Includes: 4 histoires d'amour and "mélanges fantastiques de l'auteur".

CAMUS
Cléarque et Timolas, deux histoires considérables, Rouen, D. Du Petit Val, 12°, 319 p.
BN Y² 20713   A BL 14656

CAMUS
Mariamne, ou l'innocente victime, J. Cottereau, 12°, 253 p.
BN Y² 9787   A BL 14674

DU VERDIER
Roman des Dames, 8°, 760 p.   (Magendie, 173)
8° BL 22547
This is the first of two volumes, the second published in 1632 when he re-published volume I as: Les Amazones de la cour, J. Villerey. This volume is not the same as: Les Amours jaloux, 1616.   (Magendie, 174)

GOMBERVILLE
Exil de Polexandre, où sont racontées diverses aventures de ce grand prince, T. Du Bray, 8°, (1ère partie), 926 p.
BN Y² 39287
Completely different text from 1619. BN Rés. Y² 726–727 (1632): La Première (Seconde) partie de Polexandre, T. Du Bray. BN 7302–7306 (1637) and A BL 16143 (1637): La Première (Quatrième) partie de Polexandre, 5 vol.

HUMBERT (ANTOINE DE QUEYRAS)
Histoire de la Cour sous les noms de Cléomédonte et de Hermilinde, 8°, 700 p.
BN Rés. Y² 1622   8° BL 20869

MARCASSUS (PIERRE DE)
L'Amadis de Gaule, P. Rocolet, 12°, 368 p.
BN Y² 6243 (priv. 1626)
An adaptation rather than translation.

F

MONTLUC (DE VAUX)
Les Pensées du solitaire, A. de Sommaville, 8°, 2 vol.   (Barbier)
BN Y² 9800–9801 (1629–1630)

1630

CAMUS
L'Amphithéâtre sanglant, où sont représentées plusieurs actions tragi-
ques, J. Cottereau, 8°, 503 p.
BN Y² 20708
CAMUS
Bouquet d'histoires agréables, G. Alliot, 8°, 483 p.
BN Y² 20711
CAMUS
Spectacles d'horreur, 8°.   (Sage)
A BL 14687
CAMUS
Succez différens, J. Cottereau, 8°, 516 p.
BN Y² 20734
CAMUS
Le Voyageur inconnu, histoire curieuse et apologétique pour les religieux,
D. Thierry, 8°, 420 p.
BN D. 21216   A BL 14696
DU BROQUART (G. SIEUR DE LA MOTTE)
La Bellaure triomphante, où par plusieurs véritables histoires se découv-
rent les divers effects de l'honneste amour . . . en la personne de quelques
princes et princesses de notre temps, P. Billaine, 8°, 962 p.
BN Y² 28607
MARANDÉ (LSDM)
Abrégé de l'histoire d'Ariades, 12°, 300 p.   (Nyon)
8° BL 20593
MERILLE (N.)
La Philomene où l'on voit la fidelle amitié, persécutée par des adventures
les plus infortunées de ce temps, 8°, 397 p.
8° BL 21501
MONTLUC (DE VAUX)
Jeux de l'inconnu, 8°.
BN Rés. Z 2823 (1630, signed De Vaux)   8° BL 19077 (1645, édition
augmentée)

Tales and anecdotes. Includes La Muse Normande, années 1621, 1622 and 1627. (A copy)

PUGET DE LA SERRE
La Clitie ou le Romant de la Cour, 8°, 784 p.
BN Y² 7127   8° BL 20888 (1636)
Part II, La Clitie de la Cour, published in 1635 (Magendie, 318₁₂).
Same as: Clitie, nouvelle galante, 12°, 1680 (anon.). A BL 15671. Magendie (279) refers to La Suite de Clitie, without further identification.

1631

ANON. (CAMUS?)
Le Désespoir honorable, 12°.   (Delcro)
Not listed by Sage.

BAUDOUIN (JEAN)
Histoire Negrepontique, 8°.   (Magendie, 192₄)
BN Y² 6900 and 16561

BEAULIEU
La solitude amoureuse, 8°, 458 p.
8° BL 22607

CAMUS
Observations historiques, Rouen, 8°, 565 p.
BN G. 33113
23 stories.

CAMUS
Le Pentagone historique, montrant en cinq façades autant d'accidens signalez, A. de Sommaville, 8°, 828 p.   (Delcro)
BN G. 20746
5 stories.

CAMUS
Relations morales, J. Cottereau, 8°, 666 p.   (Delcro)
BN G. 20748
31 stories.

CAMUS
Tour des miroirs, ouvrage historique, R. Bertault, 8°, 746 p.
BN Y² 20735
26 stories.

CAMUS
Variétez historiques, 8°.   (Sage)

DU VERDIER
La Sibile de Perse, A. de Sommaville, 8°, 517 p.
BN Y² 6380
priv. Ier déc. 1630, published 1631 (Magendie, 1853)

HUMBERT (ANTHOINE)
Les Triomphes de la guerre et de l'amour, histoire admirable des sièges
de Cazalie et de Lymphirée, A. Alazert, 8°, 821 p.
BN Y² 12505

LOGEAS
Le Romant héroïque, où sont contenus les mémorables faits d'armes de
Dom Rosidor, Prince de Constantinople, et de Clarisel le Fortuné, 8°,
916 p.   (Magendie, 119$_6$)
8° BL 22548
This is vol. II of: LOGEAS, 1622.

VIARD
La Dorisandre, 8°, 342 p.
8° BL 20957
achev. d'imp. 8 jan. 1631 (Magendie, 318$_{13}$)

1632

CAMUS
Les Décades historiques, 632 p.   (Sage)
Bibliothèque de Rouen.
60 stories.

CAMUS
Divertissement historique, 8°, 464 p.   (Delcro)
BN Y² 20715
45 stories.

CAMUS
Les Leçons exemplaires, R. Bertault, 8°, 549 p.
BN D. 27868   A BL 14673
41 stories.

DESMARETS DE SAINT-SORLIN
Ariane, parts I and II, Vve Mathieu, 8°, 2 vol.   (Nyon)
BN Y² 6509-6510   4° BL 4316 (lost)
LC (Toinet Collection) (1666)

DU VERDIER
  Le Chevalier hipocondriaque, P. Billaine, 8°, 709 p.
  BN Y² 12501 and 31661

POMERAY
  La Polixène du Sr de Molière (avec la suite et conclusion), 8° 2 vol.
  8° BL 21542
  A copy is anonymous and reads: La Polixène de Molière, augmentée par
  l'auteur avant sa mort en 1632. Priv. 16 janvier 1630, for Vol. I, Bks, I–IV.
  Vol II, Bks. V–VIII, 1634: La Vraie suite de Polixène.

PRÉFONTAINE (CÉSAR FRANÇOIS OUDIN, SIEUR DE)
  La Diane des Bois, Rouen, 8°, 285 p.
  8° BL 17321 (1632)
  pirv. 1628, published 1632 (Magendie, 164₁).

1633

ANON.
  Les Amours, intrigues et caballes des domestiques des grandes maisons
  de ce temps, Louis de Villac, 8°, 220 p.
  8° BL 22003

ANON.
  La Fille d'Astrée, ou la suite des bergeries de Forêts, contenant plusieurs
  histoires qui font voir les effects de la vertu, 8°, 930 p.
  8° BL 20643
  Rolfe says this is a continuation of Guillaume du Broquart's Bellaure
  triomphante, 1630.

ANON.
  Orphise ou l'ingratitude punie, histoire cyprienne, 12°, 3 vol.
  8° BL 21456
  Sub-title: Le Pourmenoir de Chrysante. Divided into seven days.
  Priv. 1625.

LE SIEUR R.
  Le triomphe de l'amour et de Mars, A. de Sommaville, 8°, 482 p.
  BN Y² 7993

CLAROS
  Le Cloriarque d'Ilis, 8°, 692 p.   (Magendie, 319₁)
  8° BL 20895 (1633)
  Same as: Amours de Cloriarque d'Ilis, histoire de ce temps, G. Clousier,
  8°, 692 p. (anon.). BN Y² 13815 (1639).

DAUXIRON (LE R. P. JEAN)
Lydéric, premier Forestier de Flandre, ou philosophie morale de la victoire de nos passions sur le fonds d'une noble histoire, Lyon, C. Lariot, 8°, 430 p.
BN Y² 9377 and 26109   A BL 13582

DUBAIL
Floridor et Dorise, histoire véritable de ce tems, 8°, 466 p.   (Nyon)
8° BL 21058

LA HAYE
La nouvelle Amaranthe, 8°.   (Delcro)

SOREL
L'Anti-roman ou l'histoire du Berger Lysis, accompagnée de remarques par Jean de la Lande, 8°.
BN Y² 7055   A BL 15948

1634

ANON.
Les Advantures de Melindor et d'Amasie, chez Soubron, 8°, 672 p.
8° BL 21339

ANON.
Roman de l'incogneu, histoire napolitaine ensemble quelques discours pour et contre les romans, chez Soubron, 3 vol.
BN Y² 63492–63494   A BL 16903

D.V.G.
Le Tombeau de la melancolie, ou le vray antidote et préservatif à messieurs les tristes, Rouen, Vve de J. Oursel, 12°.
BN Rés. Y² 2773 (pièce, 24 p.s.d.)   8° BL 30506
Tales and anecdotes.

BRETHENCOURT
Le Pèlerin étranger ou les amours d'Aminthe et de Philinde, Rouen, 12°, 309 p.
8° BL 20559   BM 12511.cc.28 (Rolfe)

CERIZIERS (LE P. RENÉ DE)
L'Innocence reconnue, ou la vie admirable de Geneviève, princesse de Brabant, L. Boulanger, 8°, 276 p.
BN Y² 21623 (Rouen, 1661)   BN M. 24783 (1634)

DU BAIL
L'Olympe ou la Princesse inconnuë, P. Rocolet, 8°, 602 p.
BN Y² 7292 and 28499   A BL 16065
achev. d'imp. 1 déc. 1634 (Magendie, 319₃)

GERZAN (FRANÇOIS DU SOUCY, SIEUR DE)
Histoire asiatique de Cérinthe de Callianthe et d'Arthénice, 8°.
BN Y² 7100   A BL 13967
priv. 25 déc. 1633, published 1634 (Magendie, 185₅)

HOTMAN (FRANÇOIS, SIEUR DE LA TOUR)
Histoire celtique, où sous les noms d'Amindorix et de Célanire sont
comprises les principales actions de nos roys et les diverses fortunes de
la Gaule et de la France, M. Guillemot, 8°, 3 vol.
BN Y² 6526-6528

LOGEAS
Les travaux du Prince inconnu, 8°, 691 p.
8° BL 22469 and A BL 16985
Avis: This book is the third part of his work and includes a summary
of the fourth and last part to appear. Logeas lists in this order: Romant
héroïque (1631), Histoire des trois frères (1622) and Le Prince inconnu.

SOREL
La vraie suite des aventures de la Polyxène du feu sieur de Molière (de
1623), suivie et conclue sur ses mémoires, A. de Sommaville, 8°. (Nyon,
Lefranc, Roy)
BN Y² 7327

1635

ANON.
Les Amours de Dorimon et de Célie, 8°. (Nyon)

ANON.
Artémise, Princesse de Carie, histoire de ce temps, P. Billaine, 8°, 2 vol.
(Delcro)
BN Y² 14606-14605

D.C.A.
Karismène agitée, 8°, 413 p. (Delcro)
8° BL 21221 (anon.)

ANGOUMIS (PHILIPPE D')
Le Seminaire d'Hermiogène, P. Huby, 8°. (Magendie, 393₆)

BEAUREGARD
Le Prince amoureux, 8°, 385 p.
8° BL 22465

CLAIREVILLE (SIEUR DE)
Amelinte, sous le nom de l'heureux naufrage de Melicandre, 8°, 2 vol.
(Delcro) (Magendie, 185₆)
8° BL 20546

CLAIREVILLE (SIEUR DE)
Amours infidelles, 8°.
8° BL 20191
priv. 19 août 1634 (Magendie, 185₇). Includes: Didon et Aenée, 128 p.,
and Pâris et Oenone.

CRISPIN DE PAS (PASSE)
Le Miroir de plus belles courtisanes de ce temps, 4°.
BM 685.d.27 (2)

HUMBERT (ANTHOINE)
Les Fortunes diverses de Chrysomire et de Kalinde, où par plusieurs
événemens d'amour et de guerre sont représentées les intrigues de la
cour, A. Alazert, 8°, 894 p.
BN Y² 7109

MALINGRE (CLAUDE, SIEUR DE SAINT-LAZARE)
Histoires tragiques de notre temps, dans lesquelles se voyent plusieurs
belles maximes d'Estat, et quantité d'exemples fort memorables de
constance, de courage, de générosité, etc., 8°, 900 p.
BM 10603.b.12

SAINTE-SUZANNE
L'Aristée, 8°, 320 p.
A BL 15464 refers to A BL 15465 (8° BL 20600) (1636)
priv. 27 jan. 1629, published 1635 (Magendie, 185₁). Later edition of
same work: Amours de Climandre et d'Aristée, 12°, 1636. BN Y² 7126
(1635) A BL 15665. Only difference in two editions is fly leaf with
change of title.

SOREL (?)
Les Visions admirables du Pelerin du Parnasse, ou divertissement des
bonnes compagnies et des esprits curieux, par un des beaux esprits de ce
temps, J. Geslin, 8°, 254p.
BN Y² 73507 and Rés. Y² 2813   A BL 14422, 14425 and 14607 (anon.).
Roy believes anonymous.

VILLE
L'Empire de l'inconstance, où, dans les plus volages amours de Cloridor, sont desduits les effects de la légereté, 8°.
A BL 15283

1636

SIEUR DE M.
Les Amours de Rozimante, Clériande et Célidor, 12°, 98 p.
8° BL 21598

CERIZIERS (DES FONTAINES, pseud.)
Les Heureuses infortunes de Céliante et Marilinde, veufves-pucelles, 8°, 440 p. (Barbier)
8° BL 20789 (1638)
achev. d'imp. 1636

DU BAIL
Le fameux Chinois, N. de Sersy, 8°, 545 p.
BN Y² 28498
ach. d'imp. 29 déc. 1636 (Magendie, 319₈)

HUMBERT (ANTHOINE)
Les Amours d'Ircandre et Sophronie, T. Quinet, 8°, 627 p.
BN Y² 43142   A BL 15887

1637

M.L.M.D.M.
Le Roman de Mélusine, P. Rocolet, 8°, 498 p.
BN Y² 63496
Begins with the historical background of Mélusine d'Aquitaine, then becomes a roman d'aventures. For a later version, see: NODOT, 1698.

DU BAIL
La Céfalie, 8°, 785 p. (Nyon)
8° BL 17499 (s.d., anon.)
Delcro attributes to Dubois, but the date makes this improbable.

DU BAIL
Les Courtisans généreux, 8°, 707 p.
8° BL 20243

DU BAIL
Le Gascon Extravagant, histoire comique, Cardin-Besongne, 8°, 580 p.
(Körting, A. Lefranc)
8° BL 18874
Also attributed to Clerville

DU BAIL
Les Généreuses amours des courtisans de la cour sous les noms d'Alcimène
et d'Amerose, G. Loyson, 8°, 707 p.
8° BL 15393 (1641)   BN Y² 6997
ach. d'imp. 29 déc. 1936 (Magendie, 253₄)

LE MAIRE
La Prazimène, 8°, 4 vol. (1637–1643)   (Magendie, 41₅)
BN Y² 60333   A BL 16166
Lancaster says same as: LE MAIRE, La Prazinière – Suitte de la Prazinière,
A. de Sommaville, 1638–1643. BN Y² 7328–7331.

1638

D.T. (M. DE T.)
Les Aventures fortunées, 8°, 310 p.
8° BL 21858
4 moral stories.

BAUDOUIN (JEAN)
Lindamire, histoire indienne, tirée de l'espagnol, P. Rocolet, 8°, 519 p.
BN Y² 11013

BOLSWERT (B. DE)
Le Pèlerinage de deux soeurs, Colombelle et Volontairette, vers Jérusalem, ouvrage allégorique, H. Nicole, 12°.   (Magendie, 393₈)

CAMUS
Les Entretiens historiques, 677 p.   (Sage)
48 stories.

CERIZIERS
L'Inceste innocent, histoire véritable, T. Quinet, 475 p.
BN Y² 7731 (1639)   A BL 15277
Magendie (93) claims this is from Montalvan's Confusion redoublée,
and l'Histoire celtique.

DU BAIL
Le Sélisandre, N. de Laulne, 8°?, 608 p.
BN Y² 28501   A BL 16222

MORAIS
Les Amantes infideles trompées, histoire véritable, 8°, 162 p.
8° BL 20053   BM 12512.bb.26 (1638) (Rolfe)   A BL 15284 (1647)

1639

ANON.
Les Heureuses aventures de Darilis, 8°, 304 p.
8° BL 20935

DESMARETS DE SAINT-MORLIN
Rosane, histoire tirée de celle des Romains et des Perses, H. Le Gras,
8°, 541 p.
BN Y² 6508 (1659)   A BL 16196

DU BAIL
La Fille supposée, histoire véritable et du temps que les déguisements,
les combats, les Passions de l'Amour et de la Haine, la Constance et
l'Infidélité, rendent admirable, P. Rocolet, 8°, 812 p.
BN Y² 7680   8° BL 22059

GOMBERVILLE
Cythérée, 8°.
BN Y² 7134–7137   A BL 15700
Wadsworth lists as: ach. d'imp. 4 nov. 1639, but gives 1640 in biblio-
graphy. Adam (I, 418) gives 1639. Edition of 1639 became Parts I and
II of 1642 edition in 4 vol. Republished in 1644-45.

1640

NO ENTRIES

1641

CRISPIN DE PAS (PASSE)
Les Abus du mariage où sont clairement representez les subtilitez des
honnestes tant des femmes que des hommes, Amsterdam (?), 4°.
BM 554.a.33
Probably anecdotes.

SCUDÉRY (MADELEINE DE)
Ibrahim ou l'illustre Bassa, 8°, 4 vol.
BN Y² 404 (1641-1652)   A BL 13893   BM 93.a.1-4

1642

ANON.
L'Illustre Rosimante, Quinet, 8°, 491 p.   (Delcro)
BN Y² 43256

DU BROQUART
Les Amours d'Archidiane et d'Almoncidas, M. Robin, 8°, 391 p.
BN Y² 7020
Same as: Le Jugement d'Archidiane . . . BN Y² 28609

GRENAILLE (FRANÇOIS DE, SIEUR DE CHATOUNIÈRES)
Les Amours historiques des princes, N. et J. de la Coste, 8°, 892 p.
(Nyon)
BN Y² 40321   A BL 14147
6 stories.

LA CALPRENÈDE
Cassandre, 8°, 10 vol.
BN Y² 6342–6351 (1642–1645)   A BL 13271

TRISTAN L'HERMITE
Le Page disgracié, où l'on voit de vifs caractères d'hommes de tous
tempéraments et de toutes professions, T. Quinet, 8°, 2 vol. (Adam, II,
141)
8° BL 22395   LC PQ 1929.P 2

1643

CAMUS
Mémoriaux historiques, 400 p.   (Sage)
80 stories.

CAMUS
Récits historiques ou histoires divertissantes, entremêlées de plusieurs
agréables rencontres et belles reparties, J. Clousier, 8°, 694 p.
BN Y² 20731 (1643)
90 stories.

GONON.
La Chasteté récompensée, ou l'histoire de sept pucelles doctes et sçavantes,
Bourg-en-Bresse, J. Tainturier, 8°, 179 p.
BN Y² 53118
3 edifying narratives.

GUILLAUME (MME JACQUETTE)
La Femme généreuse, 8°.   (Delcro)

MOREAU (MOREAUX)
Les Filles enlevées, 12°, 2 vol.
8° BL 22060
Magendie (1851$_{16}$) gives Moreaux.

SOREL
La Maison des jeux, contenant les divertissements d'une compagnie par
des narrations agréables, 8°, 2 vol.   (Delcro, Roy)
BN 8° Vnp. V. 53042
Collection of tales and Italian games. Roy says written about 1630,
published in 1643. He adds that Recreations galantes ou suite de la maison
des jeux, 1669, is only an extract of Maison des Jeux.

1644

ANON.
La gibecière de Mome ou le Thrésor du ridicule . . ., J. Gesselin, 8°,
475 p.   (Delcro)
BN Y² 12343
Tales and anecdotes.

AUBIGNAC
Aristandre, ou l'histoire interrompue, 12°, 516 p.   (Barbier, Quérard)
8° BL 18993 (1664)
The author calls these "nouvelles" taken from his *Macarise*, soon to be
completed.

CAMUS
Les Rencontres funestes ou Fortunes infortunées de nostre temps,
J. Villery, 8°, 287 p.
BN Y² 20732   A BL 14684
54 stories.

CAMUS
Tapisseries historiques, M. Durand, 8°, 147 p.
BN G. 20750
29 stories.

CAMUS
Le Verger historique, L. Sevestre, 8°, 499 p.
BN Y² 9797   A BL 14693
62 stories.

CHEVREAU (URBAIN)
Scanderberg, T. Quinet, 8°, 2 vol.
BN Y² 6896–6897 A BL 13911
See: LA ROCHE-GUILHEM, 1688

DU BAIL
Les galanteries de la Cour, 8°, 2 vol.
8° BL 22085

DU BAIL
Le Prince ennemi du Tyran, histoire grecque, 8°, 2 vol.
8° BL 22468 (1646, by D.B.G.) BM 245.e.19 (Rolfe)

GONON
Histoires véritables et curieuses, où sont représantées les étranges aventures des personnes illustres, Lyon, 8°. (Delcro)

GUÉRIN DE BOUSCAL
Antiope, 8°, 4 vol.
8° BL 17396

1645

ANON.
Les Facétieux réveille-matin des esprits mélancoliques . . . C. Barbin, 252 p.
BN Rés. Y² 2785 (1668)
Tales and anecdotes.

ANON.
La Princesse héroïque ou la vie de la comtesse Mathilde, marquise de Mantoue et de Ferrare, 4°. (Delcro)

J.P.B.R.
Florinie ou l'histoire de la veuve persécutée, 8°, 2 vol. (Nyon)
8° BL 21064
Barbier gives: Piqué, Florine ou l'Histoire de la veuve persécutée, 12°, 4 vol.

BONNET
Bérenger, comte de la Marck, T. Quinet, 8°, 4 vol.
BN Y² 6738–6741 (ach. d'imp. 25 fév. 1645)

CERIZIERS
L'Illustre Amalazonthe, A. Robinot, 8°, 2 vol.
BN Y² 26731

DU BROQUART
La Fidelité trahie ou l'art de triompher du destin, histoire Thessalonique,
Estienne Mirault, 8°, 2 vol.
8° BL 20288   LC (Toinet Collection)

JUVENEL (FÉLIX DE)
Don Pélage ou l'entrée des Maures en Espagne, G. Macé, 12°, 2 vol.
BN Y² 6821–6822
Magendie (55) says inspired by Perez de Hita.

MEZERAY et MLLE DE SENECTERRE
Orasie, roman historique, 8°, 4 vol.
BN Y² 6642–6647   A BL 16078 (anon.).
ach. d'imp. 23 déc. 1645 (Magendie 195₇)

SOREL
Les Nouvelles choisies, où se trouvent divers incidents d'amour et de
fortune, P. David, 8°, 2 vol.
BN Y² 56908–56909   A BL 14335
The Nouvelles françoises (1623) with two new stories.

VILLE
Nouvelles de la Cour, 8°, 741 p.
8° BL 18981

1646

DU T.
Cent lettres d'amour écrites d'Erandre à Cleanthe, recueillies par T.,
8°, 480 p.
8° BL 19779
An epistolary novel.

BELIN (DOM ALBERT)
Les Avantures du philosophe inconnu, en la recherche et en l'invention
de la pierre philosophale, E. Danguy, 12°, 215 p.
BN R. 27185
Delcro gives 1664. Not checked, uncertain if novel.

BRÉMOND (GABRIEL DE)
La Comtesse de Montferrat, nouvelle contenant son histoire et les amours
du Comte de Saluces, Amsterdam, 12°, 336 p.
8° BL 17963

DESCHAUSSÉE (LE P. CALIXTE AUGUSTE)
Le Polémire ou l'illustre Polonais, 8°.
A BL 13721 (anon.)
Ach. d'imp. 15 nov. 1646 (Magendie, 185₁₇)

LA CALPRENÈDE
Cléopâtre, C. Besogne, 8°, 12 vol. (1646-1657)
BN Y² 20512 (1646, 1ère partie)   BN Y² 20513-20523 (1647-1663)
A BL 13353 (1647)
An abridged edition in 3 vol. will appear in 1668. A BL 13355

1647

ANON.
Axiane, 8°, 700 p.
8° BL 20660

ANON. (SEGRAIS?)
Le Tolédan, ou histoire de Don Juan d'Autriche, 8°, 5 vol.
8° BL 18306 (1654, 2ᵉ édition, priv. du dernier jour d'août 1646, to MDLC)
Brédif and Magendie uncertain of author. Tipping does not mention.
Magendie (60) says derived from Tirso de Molina and Perez de Hita.

P.A.D.
Alcide, 8°, 2 vol.   (Delcro)
8° BL 17314

DU BROQUART
Florigénie ou l'illustre victorieuse, J. Paslé, 8°, 534 p.
BN Y² 7176 and 47218

LANSIRE
La Diane déguisée, R. de Nain, 8°, 388 p.
BN Y² 7145   A BL 13185

1648

CHEVREAU (URBAIN)
Hermiogène, Vve de Sercy, 8°, 2 vol.
BN Y² 6521-6522
Barbier gives: Le Prince Hermiogène.

SEGRAIS
Bérénice, 8°, 4 vol. (1648–1651)
BN Y² 6518 (1651)　8° BL 17534　BM 243.i.32–35 (1648)
Magendie and Adam believe anonymous. Attributed also to Le Vayer de
Boutigny. Brédif, p. 160, quotes Huet that vol. I appeared in 1643.
Tipping gives the following dates: Vol. I: achev. d'imp. 6 fév. 1648; II:
2 fév. 1648; III: manque; IV: 15 oct. 1649.

SOREL
Polyandre, histoire comique, A. Courbé, 8°, 2 vol.
8° BL 19553.

1649

ANON.
Apologie du silence en amour, 8°.
8° BL 20423

C.
Ladice ou les victoires du Grand Tamerlan.
BN Y² 6903
achev. d'imp. 29 nov. 1649 (Magendie, 196$_{12}$)

BLESSEBOIS (P. C.)
Le Rut ou la Pudeur éteinte, Leyde, 12°, 143 p.
BN Enfer 30
Uncertain if novel.

SCUDÉRY (MLLE DE)
Artamène ou le Grand Cyrus, 8°, 10 vol. (1649–1653)
A BL 13260　BM 244.h.1–24

1650

ANON.
Albert de Ligne, prince de Barbaçon, s.l.n.d. (Namur, vers 1650), 8°,
252 p. (Barbier)
Uncertain if novel.

ANON.
La princesse inconnue, s.d. (vers 1650), 8°. (Delcro)

1651

ANON.
L'Illustre Rosalinde, histoire véritable, 8°.   (Delcro)

GOMBERVILLE
La Jeune Alcidiane, A. Courbé, 8°, 590 p.
BN Y² 7323
Le libraire au lecteur: He has had the manuscript five years and publishes it without permission of the author who wanted to publish it with the 2nd part, but who is now in ill health.

SCARRON
Le Romant comique, T. Quinet, 8°, 527 p.
A BL 14758   BM 12510.aa.18
Pt. I: 1651; Pt. II: 1657.

SOMEIRE (BAUDOT DE)
L'Amour innocent, ou l'illustre Cavalier, 4°, 501 p.
4° BL 4353

1652

P.M.C. (SOREL?)
Recueil historique de diverses aventures arrivez aux princes, seigneurs, et grands de la cour, aux courtisans, aux sçavans, etc., Loyson, 12°.
Same as: Chemin de la fortune, ou les bonnes règles de la vie pour acquérir des richesses, 1653.   (Quérard)

1653

NO ENTRIES

1654

ANON.
Les agréables divertissements françois, contenant plusieurs rencontres facetieuses de ce temps, Jacques le Gras, 383 p.
BN Y² 12344
Tales and anecdotes.

ANON.
   Clorinde, 8°, 746 p.
   8° BL 20902

AUBIGNAC
   Histoire du temps, ou relation du royaume de coqueterie, extraite du
   dernier voyage des Holandais aux Indes du Levant, C. de Sercy, 12°,
   98 p.
   BN Y² 9805   LC (Troinet Collection)
   BN Y² 56882 (1655): Nouvelle histoire du temps . . . includes: La Blanque
   des illustres filous, pp. 99–144, and: Les mariages bien assorties, pp.
   145–165.

SCUDÉRY (MLLE DE)
   Clélie, histoire romaine, 8°, 10 vol. (1654–1660)
   BN Rés. Y² 1512–1521 (1656–1660)

1655

PRIEZAC (SALOMON DE, SIEUR DE SAUGUES)
   Olynthie, 8°, 664 p.
   8° BL 21441 (Olynthe)

SCARRON
   Les Nouvelles tragi-comiques, traduites d'espagnol en français, A. de
   Sommaville, 12°.
   BN Y² 9827–9830 (1661)

1656

ANON.
   Histoire d'Iris et Daphnis, 12°, 159 p.
   8° BL 21196 (1666)

PURE (L'ABBÉ MICHEL GELASIRE DE)
   La Pretieuse ou le Mystère des ruelles, 8°, 4 vol.
   BN Rés. 8° Y² 2219   A BL 15321

SEGRAIS
   Histoire de la Princesse de Paphlagonie.
   BN Y² 9288 (2) (pp. 159–232)
   Tipping (75) claims 1659. Brédif, Segrais (1863), does not mention.
   Probably closer to 1656.

SEGRAIS
Nouvelles françaises ou les divertissements de la princesse Aurélie, G.
Saucraine, 8°.
BN Y² 68028 (1722)   A BL 14347
ach. d'imp. 27 nov. 1656.

VAUMORIÈRE (PIERRE DORTIGUE)
Le Grand Scipion, 8°, 4 vol.
A BL 13371   BM 92.a.24 (1661)   LC (Toinet Collection)

1657

ANON.
L'Astrologue amoureux, 12°.
Not found.

D.V.
Rozemire ou l'Europe délivrée, 8°, 798 p.   (Nyon)
8° BL 21596

ANCELIN
L'Amant ressuscité, 12°, 182 p.
8° BL 18668 (priv. 1655; achev. d'imp. 1657)

CYRANO DE BERGERAC
Histoire comique ou Voyage dans la lune, s.l.n.d. (vers 1650), 12°.
BN: Histoire comique contenant les états et empires de la Lune, C. de
Sercy, 12°, 191 p.
BN Y² 25400 (1657).
Adam (II, 152) gives 1657.

1658

ANON.
Le Rival encore après la mort, 8°, 257 p.
8° BL 22541

LE PAYS
Le Violon marquis ou le marquis violon, St. Jean d'Angély, 12°.
(Rémy)
BM 12511.aa.26(4) (1658)

MARCÉ (LA BARONNE DE) (MME L.B.D.M.)
La Cléobuline ou la Veuve inconnue, 8°, 702 p.   (Barbier)
BN Rés. Y² 3028   8° BL 20862

SEGRAIS
La Relation de l'Isle imaginaire.
8° BL 19182   BM 303.g.15
Anne de Montpensier also given as author.

VOITURE (VINCENT)
Histoire d'Alcidalis et de Zélide.
8° BL 20485
Written about 1630, published in *Oeuvres*, 1658.

1659

GUTTIN (JACQUES)
Epigone, histoire du siècle futur, P. Lamy, 8°.
BN Y² 9807

LE VAYER DE BOUTIGNY (ROLAND)
Tarsis et Zélie, 8°.   (Lachèvre)
BN Y² 7383–7386 (1665)   8° BL 21678¹⁻⁸
LC (Toinet Collection)

1660

ANON.
Les Fortunes de Pamphile et de Nise, 8°.   (Delcro)

ANON. (L'HÉRITIER DE VILLANDON, MLLE MARIE-JEANNE?)
Judith ou la délivrance de Bethunie, 4°.   (Delcro)

ANON.
Le Siècle d'or de Cupidon ou les heureuses aventures d'amour, Cologne,
12°, (vers 1660).
8° BL 20062
Tales.

ISARN (SAMUEL)
La Pistole parlante, ou la métamorphose du Louis d'or, de Sercy, 12°,
48 p. (Dallas, 253)
BN Y² Z 20205 (1660)

PELISSÉRI
Laodicée, 8°, 2 vol.
8° BL 21226

PRÉFONTAINE
L'Orphelin infortuné, ou le portrait du bon frère, histoire comique et
véritable, C. Besogne, 8°, 335 p.
A BL 15257
Same as: Les Aventures tragi-comiques du chevalier de la Gaillardise,
1662. BN Y² 7689. 8° BL 21087. Title page only new.

SCUDÉRY (MLLE DE)
Almahilde ou l'Esclave Reine, 8°, 8 vol. (1660–1663)
BM 243.g.3-17   BN Y² 7000–7007

1661

ANON.
Les Amours de Mirtel, Constantinople.
8° BL Rés. 1656

ANON.
Amours véritables d'Alisperans et Raginte, liège, 12°.

ANON.
Le Miroir ou la Métamorphose d'Oronte, 12°.
8° BL 21446

ANCELIN
Le portrait funeste, 8°, 199 p.
8° BL 22584

CALLIÈRES (JACQUES DE)
Le Courtisan predestiné ou le duc de Joyeuse capucin, divisé en deux
parties, G. André, 8°, 590 p.
BN Y² 10455 (1662)

LA CALPRENÈDE (MME DE)
Les Nouvelles ou les divertissements de la princesse Alcidianne, C. de
Sercy, 8°, 629 p.
BN Y² 20631   8° BL 18971
Also attributed to G. de la Calprenède.

LA CALPRENÈDE (G. DE)
Pharamond ou Histoire de France, 12 vol.
BN Y² 20573–20584 (1661–1670)
Adam (II, 132) gives priv. 1658, Pts. I and II, 1661. Vol. VII (1670) on,
by l'abbé d'Aubignac.

LE PAYS

Le Louis d'or politique et galant, Cologne, P. Marteau, 12°, 84 p.

BN Rés. Y² 3197   Y² Z 215 (1661)

Two adventures modelled on La Pistole parlante, 1660, by ISARN.

LE PETIT (CLAUDE)

L'Heure du berger, demy-roman comique ou roman demy-comique, 12°, 116 p.

BN Rés. Y² 2111   8° BL 22107 (achev. d'imp. nov. 1661)

SCUDÉRY (MLLE DE)

Célinte, nouvelle première, 8°, 394 p.

8° BL 20797   BN Y² 21581

SOMEIRE (BAUDOT DE)

Alcippe ou le choix des galants, 12°.

A BL 15394 not listed, and title not found.

VILLEDIEU (MME DE)

Alcidamie, 8°, 2 vol.   (Nyon)

8° BL 20484¹⁻²

1662

ANON.

Xylanvie, Tolose, 8°, 2 vol.

8° BL 21761

R.D.M.

Heures perdues d'un cavalier français dans lequel les esprits mélancoliques trouveront des remèdes propres pour dissiper cette facheuse humeur, 12°.

8° BL 22109

Tales.

LAFAYETTE (MME DE)

La Princesse de Montpensier, T. Jolly, 12°, 142 p.

BN Y² 6613 (1662)   A BL 13573 (1662) and 13575

NORSÈGUE

Histoire de Cusihnarea, Princesse de Péru, de Glanguis et de Philamon, avec la rencontre d'Agatias passant les Alpes, Chas. Le Groult.   (Dallas)

PARIVAL (J. N. DE)

Histoires tragiques de notre temps arrivées en Hollande, Leyde, 12°. 98 p.

8° BL 18050 (1663)

32 stories.

SCARRON
Le Faux Alexandre.
Magendie (406) gives as unfinished nouvelle, in Dernières Oeures de
M. de Scarron, G. de Freynes, 1663.

SOREL
Relation de ce qui s'est passé dans la nouvelle découverte du Royaume
de Frisquemore, 12°, 118 p.
BN Y² 9299   BM 12330.a.23   8° BL 19236

1663

F.C.
Les Divertissements de Forges, où les aventures de plusieurs personnes
de qualité sont fidèlement décrites, 12°, 404 p.
8° BL 18863

AUBIGNAC
Macarise, ou la Reine des Isles Fortunées, histoire allégorique, contenant
la philosophie morale des stoïques sous le voile de plusieurs aventures
agréables en forme de roman, J. Du Brueil, 8°, 2 vol.
BN Y² 9373–9374   A BL 15971
The Avis of Histoire galante et enjouée interrompue par des entretiens
d'esprit, de civilité, d'amitié, 516 p. (1673) (anon.), states that these are
taken from the last volume of "Ma grande Allégorie – Macarise".

BRIDOU (JEAN)
Célie ou Mélicerte, nouvelle véritable, 8°, 240 p.
8° BL 20790   8° BL 20792 (1669)
Same as (?): ANON., 1680.

DONNEAU DE VISÉ
Nouvelles nouvelles, 12°, 3 vol.
BN Y² 8477–8479   8° BL 18983   BM 12511.bbb.
Barbier gives de Visé as chief writer, not work of one author.
Vol. I.   Les Succès de l'indiscretion, pp. 1–112.
           La Prudence funeste, pp. 113–319.
Vol. II.   Les Nouvellistes, 301 p.
Vol. III. Le Jaloux par force, pp. 1–133.
           Extrait d'une lettre écrite du Parnasse touchant les nouveaux
           règlements, pp. 134–304.
           Portraits des nouvellistes, pp. 305–308.

PARIVAL

Histoires facétieuses et morales, Leyde, 12°, 175 p.
BN Y² 8470 (1669)   8° BL 18050 (1663)

VILLEDIEU

Lisandre, nouvelle, 12°, 96 p.
8° BL 21257

1664

ANON.

Entretiens galants d'Aristippe et d'Axione, contenant le langage des
tétons et leur panégyrique, le dialoque du fard et des mouches, d'un
grand miroir et d'un miroir de poche, du masque et des gants, E. Loyson,
12°, 252 p.   (Delcro)
BN Rés. Li. 2   8° BL 32552

ANON.

Histoire du Comte de Genevois et de Mlle d'Anjou, C. Barbin, 12°, 129 p.
BN Y² 42396
Same as (?): PRÉCHAC, 1680.

COLLIN (CLAUDE) (?) (ANON.)

Eraste, nouvelle, où sont descrites plusieurs avantures amoureuses, 12°,
280 p.   (Barbier)
8° BL 18851 (anon).
Privilège à Claude Collin de faire imprimer et vendre.

DONNEAU DE VISÉ

Les Diversitez galantes, contenant: Les Soirées des auberges, nouvelle
comique; l'Apoticaire de qualité, nouvelle galante et véritable, 12°.
BN Y² 27939
Republished individually in 1669 and as: Galanteries diverses en français
et en allemand, in 1695.

LE PAYS

Amitiés, amours et amourettes, Sercy, 12°, 477 p.   (Dallas)
BN Z 14605

LE PAYS

Zélotyde, de Sercy, 12°.
BN Z 14610   A BL 16431 (1666)
Listed by Rémy. Dallas gives 1664. Rolfe says novel, without correcting
date.

LE ROU
   Histoire de Célémaure et Télesmène, 8°, 2 vol.
   8° BL 20793
   Same edition in 1665. In 1667, Histoire de Cilémaure et Félismène.

1665

ANON.
   Les Amours du Palais-Royal, Cologne, 12°.
   Barbier: attributed to Bussy-Rabutin.
ANON.
   Cléon ou le parfait confident, 8°, 154 p.
   BN Y² 7988 (1680)   8° BL 20847 (Cléondre, 1720)
ANON.
   Histoire du révérend père Dominique ottoman de l'ordre des F.F.
   prêcheurs sous le nom de prince Osman fils du sultan Ibrahim, empereur
   des Turcs, 12°, 253 p.
   BN Y² 42426
   Uncertain if fiction.
BUSSY-RABUTIN
   Histoire amoureuse des Gaules, liège, 12°.
   BN Rés. LB³⁷ 3523   A BL 13432   LC (Toinet Coll).
   Includes: Les Amours du Palais-Royal.
DU CHASTELET DES BOIS
   L'Odysée, ou Diversité d'aventures, rencontres et voyages en Europe,
   Asie, et Afrique, divisée en quatre parties, la Flèche, 4°.
   BN G 3559 and Rés. B 1188   4° BL 4341
   Autobiography in novel form.
MORÉRI (LOUIS)
   Le pays d'amour, nouvelle allégorique, Lyon, 12°, 86 p.
   BN Y² 57943

1666

FURETIÈRE (ANTOINE)
   Le Roman bourgeois, ouvrage comique, T. Jolly, 8°, 700 p.
   BN Y² 9824   A BL 14755
POUTRAIN
   Le Combat de l'amour et de la fierté, 12°.
   A BL 15067

SAINT-MAURICE (ALCIDE DE)
Fleurs, fleurettes et passetemps ou les diverses caractères de l'amour honnête, 12°. (Delcro)
Same as (?): SAINT-MAURICE, 1668.

VULSON
Le Palais des curieux de l'amour et de la fortune, 12°.
BM 8630.aa.6 (Rouen, 1666, "nouvelle édition")

1667

ANON.
L'Amour en fureur, Cologne, 12°.
BN Y² 7454 (1710)   8° BL 17656 (1691) 92 p.

ANON.
Diversités d'amour (vers 1667), 12°.   (Delcro)

ANON.
Histoire d'Ismenie et d'Agésilan, ensemble le fragment de l'histoire de Bérénice et d'Alcidor, et le blason des herbes et des fleurs, La Hay, 12°. (Dallas)
8° BL 21119

AIGUE D'IFFREMONT
Rodogune, histoire asiatique et romaine, E. Oyson, 8°, 2 vol.
BN Y² 13141   8° BL 17478
Also given as: Rodogune ou l'histoire du grand Antiochus, E. Loyson, 8°. BN Y² 6424–6427 (1668).

AUBIGNAC
Le Roman des lettres, J. B. Loyson, 8°, 529 p.   (Barbier)
BN Y² 7960   8° BL 19920 (priv. 1659, ach. d'imp. 1667)

MERVILLE (MME BRUNEAU DE LA RABATELLIÈRE, MARQUISE DE)
Le Solitaire de Terrasson, nouvelle, 12°, 2 vol.   (Barbier)
8° BL 19050 (MDM, 163 p.)
Same as: Le Solitaire, nouvelle, C. Barbin, 12°, 401 p., (anon.) (1667)
BN Y² 68946–68947. Dallas gives edition of 1680.

SCUDÉRY (MLLE DE)
Mathilde d'Aguilar, histoire espagnole, 8°, 3 vol.
A BL 13857

TORCHE (L'ABBÉ DE)
Le Démelé du coeur et de l'esprit, 12°.
LC (Toinet Collection) (1668)
Uncertain if novel.

VILLEDIEU
Anaxandre, nouvelle, 12°.   (Nyon)
A BL 15435   LC (Toinet Collection)

1668

ANON.
Le grand Hippomène, 12°, 297 p.
8° BL 21149

ANON. (BLESSEBOIS?)
Lupanie, histoire amoureuse de ce temps. 16°, 118 p.
A BL 15963 (anon.)
Same as: Alosie, ou les amours de Mme M.T.P., (anon.), 1680. BN Rés.
Lb³⁷ 4991 (1876). Barbier does not believe by Blessebois.

CAMUS
Le cabinet historique, rempli d'histoires véritables, arrivées, tant dedans
que dehors le Royaume, avec les moralités, 8°, 246 p.
BN G 20740   A BL 14652
36 stories. Ms nouvellement trouvé dans le cabinet de feu M. J-P. Camus.

DESBARRES (ANTOINE)
Conclusion de l'histoire d'Alcidalis et de Zélide, commencée par M.
Voiture, F. Mauger, 213 p.
BN Rés. Y² 1597 (priv. 1663)

DU PERRET
Sapor, roi de Perse, C. Barbin, 12°, 5 vol., (1668–1669).
BN Y² 6934–6938 and 75374–75378

SAINT-MAURICE (ALCIDE DE)
Les Fleurs des nouvelles galantes, 12°, 619 p.
8° BL 18861   BM 1076.d.12 (Rolfe)
Tales of 60 p. each.

TORCHE
Le Chien de Boulogne ou l'amant fidèle, nouvelle galante, 12°, 219 p.
8° BL 20024

VILLEDIEU
  Carmante, histoire grecque, 8°, 2 vol.
  8° BL 17423   BM 94.a.1, 2
VILLEDIEU (?)
  La chambre de justice de l'amour, Fribourg, 12°, 177 p.
  Barbier says this is by Le Laboureur, but this work is signed by Mme de
  Villedieu, p. 164 (Williams). Not in Morrissette.

1669

ANON.
  Le Parlement d'amour, 8°.   (Delcro)
ANON.
  Philicrate, nouvelle, 12°, 53 p.
  8° BL 21497
ANON.
  La prison sans chagrin, histoire comique du temps, 12°, 346 p.
  8° BL 19553
ALLUIS (JACQUES)
  Le Chat d'Espagne, Grenoble, 12°, 258 p.
  8° BL 18716
  Avis: inspired by Lucan's Golden Ass, not by the recent Chien de
  Boulogne.
AUBIGNAC
  Amelonde, histoire de notre temps, J. Loyson, 12°.   (Barbier)
  BN Y² 7010   8° BL 20554
  Same as: Conseils de Léandre à la belle Amélonde sur la conduite de ses
  amours, 12°, (anon.), (1670). A BL 15921.
DONNEAU DE VISÉ
  Nouvelles galantes, comiques et tragiques, 12°, 2 vol.   (Barbier)
  BN Y² 8471–8473   A BL 14363
  Not same as 1663.
DONNEAU DE VISÉ
  L'Amour échappé, ou les diverses manières d'aymer contenues en 40
  histoires, avec le Parlement d'Amour, 3 vol.   (Waldberg, 438)
  8° BL 20106
GUILHET (GEORGES)
  La reine d'Ethiopie, historiette comique, 12°, 176 p.
  8° BL 18622 (1670)

LA FONTAINE
Les Amours de Psiché et de Cupidon, C. Barbin, 8°, 500 p.
BN Rés. Y² 1468   A BL 13216

MAREUIL
Histoire coquette ou l'abrégé des galanteries de quatre soubrettes cam-
pagnardes, Amsterdam, 8°, 88 p.
(Dialogue en prose, mêlé de quelques vers)   (Delcro)

SCUDÉRY (MLLE DE)
La Promenade de Versailles, 8°.
BN Y² 7938

VILLEDIEU
Cleonice ou le roman galant, nouvelle, 12°, 198 p.
BN Y² 73359

VILLEDIEU
Journal amoureux, 12°, 6 vol.   (Morrissette, 83)
A BL 16652

VILLEDIEU
Recueil (nouveau) de quelques pièces galantes, Claude Barbin, 12°.
(Dallas, 262)
Not in Morrissette.

1670

ANON.
Aurélie, nouvelle historique, 12°, 348 p.
8° BL 20653

ANON.
Les Dames retrouvées, histoire comique, 12°, 260 p.
8° BL 19510

M.T.
Nouvelle ou historiette amoureuse, 12°.

BOURSAULT (EDME)
Artémise et Poliante, nouvelle, R. Guignard, 12°, 406 p.
BN Y² 7029

BOURSAULT (EDME)
Le Marquis de Chavigny, E. Martin, 12°.
BN Y² 6639   A BL 13506

BOURSAULT (EDME)
Ne pas croire ce qu'on void, histoire espagnole, C. Barbin, 12°, 2 vol.
BN Y² 7874–7875 (1670)   8° BL 21955 (1672)

BRÉMOND (LE SIEUR S.B.R.E.)
Le Pelerin, nouvelle, Amsterdam (vers 1670), 12°, 179 p.   (Barbier)
BM 12517.a.22   8° BL 19013

DESCHAMPS (JÉROME)
Mémoires du serail sous Amurat II, Claude Barbin, 12°, 6 vol.
Morrissette (186) denies Villedieu as author. Langlet du Fresnoy gives
Paris edition of 1670.   (Dallas, 264)

LA FAYETTE
Zayde, C. Barbin, 8°, 2 vol.
BN Rés. Y² 1566–1567

PRÉFONTAINE
Le Maître d'hôtel aux halles, 12°, 112 p.
8° BL 19531
Includes: Le Cavalier grotesque, pp. 113–216, and: L'Apoticaire em-
poisonné, pp. 219–234. Dallas (254) says that these tales are also found in:
Recueil de diverses pièces comiques, galliardes et amoureuses, Leide,
1699.

PRÉFONTAINE
Le Poète extravagant (14 p.), avec l'assemblée des filous et des filles de
joye (44 p.), et le Practicien amoureux, nouvelles plaisantes, 12°.
A BL 14384

PRÉFONTAINE
Recueil (nouveau) de divertissements comiques, Guillaume de Luyne,
12°.   (Dallas)

SUBLIGNY
La fausse Clélie, histoire françoise galante et comique, 12°, 2 vol.
8° BL 18605 (1680)
Same as (?): ANON., 1673

VAUMORIÈRE
Mademoiselle d'Alençon, 12°.
Barbier: Same as Comte de Dunois, 1671, by Mme de Murat. BN Y²
6587, A BL 13525. Same as: Amours du comte de Dunois, 1691 (Dallas,
Morrissette) by Vaumorière.

1671

ANON.
  La belle Marguerite, nouvelle, 12°, 228 p.
  8° BL 18909

ANON.
  L'Histoire des pensées, meslée de petits jeux, nouvelle galante, 12°.
  BN Y² 7703
  Rolfe says same as: L'Histoire des pensées, ou les amours de Marc-
  Antoine Adorine, 12°, 259 p. 8° BL 17561 (1673). Same as: Les Amités
  malheureuses, histoire de Sparte, 277 p. (anon.) 8° BL 17494 (1671).

ANON.
  Histoire espagnole et française, ou l'amour hors de saison, nouvelle
  galante, 12°.
  BN Y² 42444   A BL 16593
  See: CAMUS, 1626.

ANON.
  Julie, nouvelle galante et amoureuse, 12°.
  BN Y² 7217   A BL 15894

ARANDA (EMMANUEL D')
  Histoires morales et divertissantes, Leyde, 12°, 127 p.   (Delcro)
  8° BL 29591
  21 tales. Dallas (262) says derived from: Les Après-soupers de la campagne.

GAROUVILLE
  L'Amant oisif, contenant cinquante nouvelles espagnoles, 12°, 3 vol.
  BN Y² 7449–7451
  Stories of 20–25 p. each. Uncertain if translations.

MONTFAUCON DE VILLARS
  L'Amour sans faiblesse ou Anne de Bretagne (et Almanzaria).
  BN Y² 18043
  (In: Bibliothèque de Campagne ou Amusements de l'esprit et du coeur,
  t. xii, La Haye, 1742)

ROUSSEAU DE LA VALETTE
  Casimir, Roy de Pologne, Claude Barbin, 12°, 2 vol.
  A BL 13717   BM 243.f.12, 13
  Dallas (265) gives 1671 and 1680.

SCUDÉRY (MLLE DE)
Histoire de Celanire, 8°.   (Mongrédien)
BN Y² 7938 (1671)
Same as (?): La Description de Versailles ou Celanire, histoire galante, 1698.

VAUMORIÈRE
Histoire de la galanterie des Anciens, 12°.
BN Y² 6329   BM 10909.aa.17

VILLEDIEU
Amours des grands hommes de France, 12°, 3 vol.   (Morrissette)
BN Y² 73367 (Lyon, 1696)   A BL 14145 (1678)

1672

ANON.
Amador de Cordoüe, histoire espagnole, Chas. Osmont, 12°.   (Delcro)
BN Y² 42445

ANON.
L'Amant de bonne foy, 12°.
BN Y² 7446   8° BL 20011

ANON.
Araspe et Simandre, 12°, 2 vol.   (Delcro)
A BL 15445–15446

ANON.
Béralde, prince de Savoye, 12°, 207 p.
8° BL 17925 (1ère partie)

ANON.
La Comtesse de Candale, 12°.   (Delcro)
A BL 13497
Dallas (266) says same as: Le Duc d'Orléans, 1679 (anon.) with a few changes in the first and last paragraphs.

ANON.
Les Dames enlevées et les Dames retrouvées, 12°.
A BL 14253

ANON.
La Mère rivale, histoire du temps, 12°.
A BL 16750

H

Same as (?): Les Fourberies de l'amour ou la Mère amoureuse rivale de
sa fille, Liège, 1686, by Mlle de La Force (?); mentioned by Waldberg
(I, 471).

ANON.
Nicandre, première nouvelle de l'Inconnu, 12°, 164 p.
BN Y² 7288

M.D.P.
L'Agréable Ignorant et la belle Eclairée, 12°.   (Delcro)
Uncertain if novel.

M.L.C.D.V.
La médaille curieuse, où sont gravés les deux principaux écueils de tous
les jeunes coeurs, 12°, 459 p.
8° BL 22249
Roman fantaisiste based on siege of Candie, with fortress becoming a
Carte du Tendre.

COURTIN
Don Juan d'Autriche, nouvelle historique, C. Quinet, 12°, 302 p.
BN Y² 27992 (1679)   A BL 13669
Also given as: Don Juan d'Autriche, fils de l'empereur Charles Quint, and
Don Juan d'Autriche, nouvelle historique espagnole.

SAINT-REAL (CÉSAR RICHARD DE)
Dom Carlos, nouvelle historique, Amsterdam, 12°, 279 p.
LC DG.678.32 A 2 (1884)
8° BL 18234 (Cléonte ou Dom Carlos, (anon.), ach. d'imp. 1662) (1672?)
Same as: Histoire de la conjuration des espagnols contre la république
de Venise en 1618, roman historique, by Saint-Réal. BN Y² 27989 (1674,
sur copie imprimée à Amsterdam chez Gasper Commelin, 1672).

VILLEDIEU
Les Aventures ou mémoires de la vie de Henriette Sylvie de Molière,
12°.   (Morrissette)
8° BL 21389 (1695, anon.)
Barbier gives d'Allègre.

VILLEDIEU
Les Exilés de la cour d'Auguste, 12°, 6 vol.
A BL 16529

1673

ANON.

Les Amours de Mademoiselle, avec le Comte de Lauzun, augmenté d'une lettre du roi et quelques vers sur ce sujet, suivant l'original de Paris, Cologne, M. Baur, 12°, 118 p.   (Delcro)
BN Ln²⁷ 14734

ANON.

Clélie, histoire française, galante et comique, 12°.   (Delcro)
Same as (?): SUBLIGNY, 1670.

ANON.

Le grand miroir des Réformés, sous l'histoire tragique de Dorimème, Genève, 12°, 300 p.
8° BL 20949

ALLARD (LE PRÉSIDENT GUY)

Zizimi, Prince ottoman, amoureux de Philippine-Hélène de Sassenage, histoire dauphinoise, Grenoble, J. Nicolas, 12°, 383 p.
BN Y² 6881   A BL 13931

BRÉMOND (GABRIEL DE)

Le cercle ou conversations galantes, histoire amoureuse du temps, Amsterdam, 12°, 211 p.
8° BL 21891   BM 12330.b.39 (1673) (Rolfe)
Same as (?): Le Cercle, ou les conversations galantes, 12°, 1675 (anon.), 3 vol. BN Y² 7533 (anon.). Not in Morrissette.

CHARPENTIER (FRANÇOIS)

Le Voyage du Valon tranquille, nouvelle historique, 12°, 152 p.   (Quérard, Delcro)
BN Y² 8018 (anon.)

MAROT (LOUIS)

Les Beautés de la Perse, ou Description de ce qu'il y a de plus curieux dans ce royaume, avec une relation des aventures maritimes, 4°.
(Quérard)
BM 571.e.24
Uncertain if novel.

VILLEDIEU

Les galanteries grenadines, 12°, 2 vol.
A BL 16568

1674

ANON.
L'Amour voilé découvert, histoire romaine, Cologne, 12°.
8° BL 20168 (s.d.)   BM 12510.de.17 (1674) (Rolfe)

ANON.
L'Heureux esclave ou relation des aventures d'Olivier de Naume, nouvelle,
12°.
A BL 15994

ANON.
Nouvelles d'Elizabeth, reyne d'Angleterre, C. Barbin, 12°.
BN Y² 6785-6786   A BL 14349 (anon.)
Storer says not by Mme d'Aulnoy. See: ANON., 1682.

LA ROCHE-GUILHEM (MLLE DE)
Almanzaïde, nouvelle, 12°.   (Barbier)
A BL 15410   BM 12513.a

LA ROCHE-GUILHEM
Arioviste, histoire romaine, 12°, 4 vol.
BN Rés. Y² 2922-2925

1675

ANON.
Axiamire, ou le roman chinois, 12°.
A BL 14050

ANON. (LA MÉNARDIÈRE)
Histoire de Mme de Bagneux, G. de Luynes, 12°, 113 p.
BN Y² 6649 (anon., 1696)   8° BL 17724 (anon., but cat. lists as La
Ménardière)

E.Y.
L'Arrière-ban amoureux, Poitiers, 12°, 114 p.   (Nyon)
8° BL 20179

ALLUIS (JACQUES)
Les Amours d'Abailard et d'Héloïse, Amsterdam, P. Chayer, 12°.
(Barbier)
BN Y² 13781 (1695)
See: ANON., 1693; DUBOIS, 1695; ANON., 1696.

BOISGUILBERT (P. LE PESANT DE)
Marie Stuart, reyne d'Ecosse, nouvelle historique, C. Barbin, 12°.
BN Y² 6790–6792 and 51048–51050

BOURSAULT (EDME)
Le Prince de Condé, roman historique, Dido l'aîné, 12°.
BN Rés. Y² 1549–1550 (1792)   LC (Toinet Collection) (1683)

LA ROCHE-GUILHEM (MLLE DE)
Journal amoureux d'Espagne, 8°.
LC PQ 1814 L 7 A 67   BM 12510.aaaa.9 (1675)

LA ROCHE-GUILHEM
Themir ou Tamerlan, empereurs des Tartares, 12°, 2 vol.
BN 8° Y² 54803   A BL 14003
Nyon and A cat. give: Astérie ou Tamerlan. Martino gives Mme de
Villedieu. Not listed by Morrissette.

LEFEBVRE
Les Amours d'Antiochus, Prince de Syrie et de la Reine Stratonique,
Amsterdam, 12°.   (Nyon) (Dallas, 264)
A BL 13244 R
Same as (?): Antiochus, Prince de Syrie, histoire galante, Cologne,
1679 (anon.) (Delcro) and Rocoles, Amours d'Antiochus, 1679. Not
found.

ROZE (JEAN)
Les Amours de Soliman Musta Feraga, Envoyé de la Porte, près sa
Majesté en 1669, Grenoble, 12°, 136 p.
8° BL 18398

VAUMORIÈRE (PIERRE-DORTIGUE DE)
Diane de France, nouvelle historique, 12°.
A BL 13521

VILLEDIEU
Les Désordres de l'amour, Toulouse, 12°.   (Morrissette, Dallas)
BN Y² 7336

VILLEDIEU
Le Portefeuille (1675?)   (Morrissette)

1676

ANON.
Amours de la belle Julie, Cologne, 12°.
A BL 15895

ANON.

Histoire et amours du Prince Charles et de l'Impératrice Douairière, Cologne, 12°. (Delcro)
A BL 13661
Same as (?): ANON., 1678.

ANON.

L'infidélité convaincue, ou les aventures amoureuses d'une dame de qualité, Cologne, 12°.
A BL 15279

B.M.

L'Amoureux africain, nouvelle galante, Amsterdam, 12°.
8° BL 18604 (anon.)

H.F.M.

Tachmas, Prince de Perse, nouvelle historique, arrivée sous le Sophi Souliman, T. Loyson, 16°, 178 p. (Delcro)
BN Y^2 70997

BLESSEBOIS (PIERRE CORNEILLE)

Le Lion d'Angélie, histoire amoureuse et tragique, Cologne, Simon l'Africain, 12°, 100 p.
BN Rés. 2975 (1862, with introduction)

BRÉMOND (GABRIEL DE)

Le Galant Escroc ou le faux comte de Briou, avantures d'original, 12°.
BM 12510.a.5 (anon.)
Barbier gives S. Brémond; Delcro gives Gab. de Brémont.

BRÉMOND (GABRIEL DE) (ANON.)

Hattigé ou les amours du roi Tamaran (Charles II d'Angleterre), nouvelle, Cologne, 12°. (Delcro)
8° BL 18340   BM 12512.b.2
Reprinted in 1680 under title of La Belle Turque (Martino)

FOIGNY (G. DE)

La Terre australe connuë; c'est-à-dire la description de ce pays inconnu jusqu'ici, de ses moeurs et de ses coutumes, par P. M. Sadeur, avec les avantures qui le conduisirent en ce continent, Vannes, J. Verneuil, 12°, 267 p.
BN Rés. pY^2 2226
Avis: Foigny obtained maniscript from Sadeur, publishing it 15 yrs later. Sadeur had been in Australia 35 years. Other editions: Les Avantures de Jacques Sadeur. See: VEIRAS, 1677.

MASCRÉ
Pièces galantes, Jean Ribou, 12°. (Dallas, 260)
2 stories.

PONTIS (LOUIS DE)
Mémoires, rédigés par Thomas du Fossé, G. Duprez, 2 vol. (Adam, V, 315)
BN 8° La^{27}.6

PRÉCHAC
La noble Vénitienne ou la bassette, histoire galante, 12°, 127 p. (Barbier)
BN Y^2 8008 (1679)

VAUMORIÈRE
Les galanteries amoureuses de la Cour de Grèce, ou les amours de Pindare et de Corinne, 12°, 2 vol.
A BL 13307
Same as: Histoire amoureuse de la Grèce, 1676.

1677

ANON.
Le Comte d'Essex, histoire anglaise, C. Barbin, 12°.
BN Y^2 23549   A BL 13757

ANON.
Les Mémoires de Mme de Ravedan, 12°.
A BL 16179
Probably same as: La Vie de Mme de Ravedan, 1678 (anon.)

ANON.
Tideric, prince de Galles, 12°, 2 vol. (Nyon)
A BL 13799
Barbier says: Une note manuscrite de Lenglet-Dufresnoy attribue ce roman au Sr de Curli; une autre note d'une main inconnue dit: De Cubly. C'est par erreur que la Bibliothèque des Romans de Lenglet-Dufresnoy donne à cet ouvrage le titre de *Frideric*.

ASSOUCY (CHARLES COYPEAU, SIEUR D')
Les Aventures, C. Audinet, 12°, 2 vol.
BN Rés. Ln^{27} 694   LC (Toinet Collection)

ASSOUCY
Avantures d'Italie, A. de Rafflé, 12°, 432 p.
BN Rés. Ln^{27} 695
Continues Les Aventures, en route to Italy.

BRÉMOND (GABRIEL DE)

La Princesse de Montferrat, nouvelle contenant son histoire et les amours du comte de Saluces, 12°, 336 p.　(Delcro)
8° BL 17963　BM 12511.aaaa.9
Barbier gives S. Bremond.

BRÉMOND (S.)

Le Trionfe (sic) de l'amour sur le destin, Amsterdam, pet. in-12°, 160 p.
BM 12512.b.3
Uncertain if novel.

CLAUDE (ISAAC)

Le Comte de Soissons, nouvelle galante, Cologne, Pierre le jeune, 8°, 239 p.
BN Y² 23572 (1699)
Barbier gives 1687. Same as (?): MONTFALCON, 1680.

LA FAYETTE

La Comtesse de Tende, nouvelle historique.　(Delcro)
BM 244.f.5 (1749)

PRÉCHAC

L'Héroïne mousquetaire, histoire véritable de Mme Christine, Comtesse de Meyrac, 8°, 4 vol.
BN Y² 6657 (1722)　A BL 13412 bis　BM 12511.de.6 (1677)

PRÉCHAC

Histoire du grand vizir Acmet Coprogli pacha, 12°, 3 vol.　(Delcro)
Same as (?): Histoire des grands vizirs, Mahomet Coprogli pacha et Achmet Coprogli pacha, by Chassepol, 1676, 12°, 3 vol. BN J 11999–12001. (Barbier says this is history rather than a novel.)

PRÉCHAC

La Princesse d'Angleterre ou la duchesse reine, Amsterdam, 12°.
A BL 13788

PRÉCHAC

Le Roman comique de Scarron avec la suite par de Préchac, 12°.　(Brunet)
BN Y² 9845–9846 (1828)

PRODEZ DE BERAGREM (PIERRE FRANÇOIS)

Mémoires faits par lui-même, Amsterdam, 12°.　(Quérard)
BN Y² 6660–6661
Uncertain if fiction.

ROUSSEAU DE LA VALLETTE
Le Comte d'Ulfeld, grand maître de la cour de Danemarck, nouvelle historique, 12°.
A BL 13738 (1678)

VAIRASSE (D.V.D.E.L.)
Histoire des Séverambes, peuples qui habitent une partie du troisième continent ordinairement appelé Terre Australe, 12°, 1677–1679, 5 vol.
BN Y² 9305–9309
The Au Lecteur claims that this is translated from the English of Captain Siden, 15 years in Australia. Probably from same source or sources as: FOIGNY, 1676. Adam (V, 320₂) says that Veiras wrote in English (History of the Severites, 1675) and made his own translation.

1678

ANON.
Agnès, Princesse de Bourgogne, nouvelle, Cologne (Rouen), 12°.
Same as (?): Agnès de Bourgogne, 1680.

ANON.
Alfrede, reyne d'Angleterre, 12°.
A BL 13746

ANON.
Les Amours du Prince Charles de Lorraine avec l'impératrice douairière, Bruxelles, H. Blind, 12°, 69 p.
BN Y² 6733
See ANON., 1676.

ANON.
Cléomire, histoire nouvelle, Cologne, 12°.   (Delcro)
8° BL 20870

ANON.
Irène, Princesse de Constantinople, histoire turque, 12°.
A BL 13895

ANON.
Monsieur de Kervaut, nouvelle comi-galante, 12°, 2 vol.   (Delcro)
A BL 14741

ANON.
Nouvelles de l'Amérique ou le Mercure américain, Rouen, 12°, 276 p.
8° BL 18661
3 stories concerning the Spanish in America.

D.C. (DE CALLIÈRES?)
Nouvelles amoureuses et galantes, G. Quinet, 12°.
BN Y² 7878   8° BL 18995 (anon.)
4 stories. In BN cat.: attribué à François de Callières. Barbier gives 1679.

L.L.B.
Le Comte Roger, Souverain de la Calabre ultérieure, Amsterdam, 12°.
A BL 13639 (anon.)

M.N.F.M.
Mérovée, fils de France, nouvelle historique, 12°.   (Delcro)
BN Y² 6695 (pp. 123–192 of: Recueil de romans historiques, Londres, 1736–1747, 8 vols.)

BEAUCOURT
Les Caprices de l'amour, C. Barbin, 12°.
BN Y² 16676–16677 (1681)
Quérard gives 1678 and says this was written by De Beaucourt's wife, Geneviève de Vasconcelle.

BRÉMOND (GABRIEL DE)
Le double cocu ou histoire galante, 12°.
A BL 14728 (1679)   BM 12510.d.10 (Rolfe)
Later published as: Le Viceroi de Catalogne, Rouen, 1679. A BL 14720 (1699).

CHASSEPOL
Histoire des Amazones, 12°, 2 vol.   (Delcro)
Uncertain if novel. See note to PRÉCHAC, Histoire du grandvizir Acmet Coprogli pacha, 1677.

COTOLENDI (CHARLES)
Mlle de Tournon, nouvelle historique, C. Barbin, 12°.
BN Y² 50023–50024 (épître signed: C.C.) (Not in Morrissette)

LA FAYETTE
La Princesse de Clèves, C. Barbin, 12°.
BN Y² 6615–6616 and Rés. Y² 3286–3289   A BL 13508

MÉRÉ (LE CHEVALIER DE)
Les Aventures de Renaud et d'Armide, 12°.
A BL 13841 (anon.)
Barbier says wrongly attributed to Mailly.

PRÉCHAC
L'Ambitieuse Grenadine, histoire galante, 12°, 112 p.   (Barbier, Nyon)
A BL 13841   BM 12510.de.23 (1) (1679)

PRÉCHAC
  Le Voyage de Fontainebleau, 12°.
  BN Y² 73826
  In spite of title, a novel.

PRÉCHAC
  Yoland de Sicile, 12°.
  A BL 13653

SALIEZ (ANT. LA COMTESSE DE) (ANON.)
  La Comtesse d'Isembourg, princesse de Hohenzollern, 12°.   (Delcro)
  A BL 13667
  See: LE NOBLE, 1697.

VERNON (LE PÈRE JEAN-MARIE DE)
  L'Amazone chrétienne ou les aventures de Mme de St. Balmon, G.
  Meturas, 12°, 312 p.
  BN Rés. Ln²⁷ 18234   A BL 14617

1679

ANON.
  La Belle Hollandoise, Lyon, 12°, 139 p.
  8° BL 18054
  Probably same as: L'Héroïne incomparable de nostre siècle ou la belle
  Hollandaise, histoire galante, Amsterdam, 1681, anon. (Delcro) See also:
  ANON., Le Ravissement de l'Hélène d'Amsterdam, 1683.

ANON.
  Dom Sebastien, Roi de Portugal, nouvelle historique, 12°, 3 vol.
  A BL 13866
  Delcro gives 1680.

GALLONGE
  Histoire d'un esclave qui a esté quatre années dans les prisons de Sallé,
  en Afrique. Avec un abrégé de la vie du Roy Taffilette, 12°.   (Delcro)
  See: F.A.Q., 1690.

BEAUCOURT
  Le Courier d'amour, C. Barbin, 12°, 250 p.
  BN Y² 9787
  Barbier credits to Geneviève Gomez de Vasconcelle.

PRÉCHAC
  L'Illustre Parisienne, histoire galante et véritable, Lyon.
  BN Y² 60345   LC PQ 1879 P 6 A65 (1698)

PRÉCHAC
  Le Triomphe de l'amitié, histoire galante, 12°.
  BN Y² 7986   A BL 15811

ROUSSEAU DE LA VALLETTE (MICHEL)
  Bajazet, Cologne, 12°.
  A BL 14165

1680

ANON.
  Amours des dames illustres de France ou histoire satirique des galanteries
  des dames de la cour sous Louis XIV, Cologne, J. le Blanc, 12°.
  BN Lb³⁷ 3757 (1682, 3rd edition)
  Includes: Anon. (Blessebois?), Alosie, ou les Amours de Mme M.T.P.,
  1680, and five other stories.

ANON.
  Les Amours de la belle Melicerte, 12°.   (Nyon)
  A BL 16007
  Same as (?): BRIDOU, 1663.

ANON.
  Le Duc d'Alençon, 12°.
  A BL 13464

ANON.
  Histoire d'une comtesse d'Allemagne, 12°.   (Delcro)
  Same as (?): Saliez, 1678

ANON.
  L'Histoire et le Romant de Cloriande, 12°.
  A BL 15672
  Same as (?): ANON. (Du Souhait), 1613.

ANON.
  Ismaël, prince de Maroc, nouvelle historique, (vers 1680), 364 p.   (Delcro)
  BN Y² 43556 (1698)
  Action takes place about 1670. As for possible author, see note to L'HÉRITIER
  DE VILLANDAN, 1695.

ANON.
  Mylord ou le paysan de qualité, nouvelle galante par M . . . P . . ., M. et
  J. Jouvenel, 12° (vers 1680), 232 p.   (Delcro)
  BN Y² 7870 (1700)

ANON.
Nouvelles, ou historiette amoureuse, 12°.
A BL 14335

ANON.
La Rivale, nouvelle historique, 12°, (vers 1680).   Delcro)

ANON.
Sophie ou la veuve vénitienne, 12°, (vers 1680).   (Delcro)

ANON.
Sylvanire, histoire comique, 12°, (vers 1680).   (Delcro)

BARTHÉMY (JEAN)
Le Voyage du chevalier errant, 8° (vers 1680).   (Delcro)
Uncertain if novel.

BRÉMOND (GABRIEL DE)
Mémoires galans, ou les aventures amoureuses d'une personne de qualité,
Amsterdam, 12°.
8° BL 22322

JUVENAL (HENRI DE)
Le comte de Richemond, nouvelle historique, Amsterdam, 12°.
A BL 13792   (Henri de Juvenel)

MONTFALCON
Le Comte de Soissons, 12°.
A BL 13586 A
See: CLAUDE, 1677

PRADON (MLLE BERNARD)
Frédéric de Sicile, 12°, 2 vol. in 3 pts.: 192 p., 176 p., 178 p.
8° BL 17944
Preface states that this is taken from the Spanish. Quérard gives Mlle
Bernard.

PRÉCHAC
Le Gris de Lin, histoire galante, Lyon, 8°.
A BL 16574   BM 12512.b.7 (1681)

PRÉCHAC
Histoire du Comte de Genevois et de Mlle d'Anjou, 12°.
A BL 13617
Same as (?): ANON., 1664.

PRÉCHAC
Nouvelles galantes du temps et à la mode, 12°, 2 vol.
BN Y² 60347 (Vol. II)
Same as (?): Nouvelles galantes et avantures de ce temps, 12°, 1697
(anon.). A BL 14365 (1697).

PRÉCHAC
Le Voyage de la reine d'Espagne, 12°, 171 p.   (Delcro)
8° BL 19090
Nouvelle galante based on Préchac's trip with queen.

VAUMORIÈRE
Adelaïde de Champagne, 12°.   (Delcro)
BN Y² 6561   A BL 13462 (anon.)

1681

ANON.
L'Amour marié, ou la bizarrerie de l'amour en estat du mariage, Cologne,
12°, 58 p.
8° BL 20141

ANON.
La Fausse abesse, ou l'amoureux dupé, La Hay, 12°, 95 p.
8° BL 21813
Preface: by author of La Belle Hollandaise. See: ANON., 1679.

ANON.
Homaïs, reine de Tunis, 12°, 120 p.
BN Y² 6867 (1681)
A copy (8° BL 18626) (1682) has the same title.

A.D.L.D.R.
Les nouveaux stratagèmes d'amour, nouvelle curieuse, Amsterdam, 12°,
120 p.
8° BL 20155

M.L.C.D.V.
Essays d'amour, 12°.   (Delcro)

FOREST (GENEVIÈVE)
L'Histoire de la philosophie des Héros, nouveau roman ou philosophie
nouvelle, en prose et en vers, J. L'Espicier, 12°.
BN Y² 9375–9375 bis   8° BL 22134

LA CHAPELLE (JEAN DE)
Marie d'Anjou, reine de Maïorque, nouvelle historique et galante, 12°,
2 vol.
A BL 13626

PRÉCHAC
Le Beau Polonais, nouvelle galante, 12°, 213 p.
BN Y² 7925

PRÉCHAC
La Princesse de Fez, 12°.   (Nyon)
BN Y² 6965
Martino gives: La Princesse d'Ephèse.

SANDRAS DE COURTILZ
La Vie de l'amiral de Coligny, Cologne, 12°.   (Delcro)
BM 613.a.23
Not in Woodbridge. Uncertain if novel.

1682

ANON.
Abrégé des aventures d'Achille, Prince de Numidie, Cologne, 12°, 94 p.
BN Y² 6958

ANON.
Académie galante, 12°.
BN Y² 7443
Short stories.   (Bennetton)

ANON.
L'Adamite ou le jesuite insensible, Cologne, 12°.   (Delcro)
Not found.

ANON.
Annales galantes de Lorraine, année 1668, Cologne, 12°, 103 p.
8° BL 17837

ANON.
La Demoyselle à Coeur ouvert, Cologne, 12°, en deux parties: 205 p. et
178 p.
8° BL 20339

ANON.
  L'Enfant sans souci divertissant son père Roger Bontems, Villefranche,
  12°. (Delcro)
  8° BL 22013
  Collection of tales.

ANON.
  Nouvelles de la Reine d'Angleterre, Lyon, 12°, 2 vol.
  A BL 13790
  Same as (?): ANON., 1674.

CHAVIGNY (F. DE LA BRETONNIÈRE)
  L'Amante artificieuse ou le Rival de soy-même, intrigue galante, Amster-
  dam, 12°, 155 p.
  A BL 15033 (1687)

CHAVIGNY
  L'Amour parjure ou la fidelité de l'épreuve, La Hay, 12°.
  A BL 15023
  Nyon has: L'Amant parjure, ou la fidelité à l'épreuve.

DARGENCES
  La comtesse de Salisbury, ou l'ordre de la Jarrettière, nouvelle historique,
  12°, 2 vol. (Delcro)
  A BL 13793

DUPLAISIR
  La Duchesse d'Estramène, 12°, 2 vol. (Dallas)
  A BL 13532

GERMONT
  Le Napolitain, ou le défenseur de sa maîtresse, C. Blagaert, 12°, 191 p.
  (Barbier)
  BN Y² 7872 and 55965 (1690)   8° BL 17966
  This is another version of Meslier, Amours tragiques d'Hypolite et
  Isabelle, 1593. Included in: ANON., Le Défenseur du Vray mérite, 1698.

PRÉCHAC
  Les Désordres de la bassette, nouvelle galante, 12°, 192 p. (Barbier)
  8° BL 18703

PRÉCHAC
  La Duchesse de Milan, 12°, 203 p.
  BN Y² 28766   A BL 13630

PRÉCHAC
Le fameux voyageur, 12°.
BN Y² 9311

PRÉCHAC
La querelle des dieux sur la grossesse de Mme la Dauphine, 12°.
8° BL 17684
Includes: La Querelle des dieux, pp. 1–68; L'Infidelité punie, pp. 69–115.

SAINT-MARTIN (MME DE)
Daumalinde, reine de Lusitanie, 12°, 3 vol.   (Barbier, Nyon)
A BL 13828 (part I)

1683

ANON.
Alcine, Princesse de Perse, nouvelle, 12°.   (Delcro)
A BL 13999

ANON.
Eve ressuscitée ou la Belle en chemise, Cologne, 12°.
Not found.

ANON.
Les faveurs et les disgraces de l'amour ou les Amans heureux, trompez et malheureux, avec deux contes en vers, Amsterdam, 12°, 363 p.
BM 12430.f.20 (les Amans heureux, 1683, 3 vol.)   (Rolfe)
8° BL 18837 (1697)   BN Rés. Y² 1729 (1726) and Y² 34066 (1788)

ANON.
Fortune marâtre des grands, Leyde, 12°.   (Delcro)
Same as (?): ROCOLES, 1684.

ANON.
Histoire de Mlle de Morsan, Lausanne, 12°.
A BL 16047

ANON.
Le Ravissement de l'Hélène d'Amsterdam, contenant les accidents étranges arrivés à une demoiselle d'Amsterdam, Amsterdam, 12°.
A BL 13683
Same as (?): ANON., 1679.

I

BARRIN (L'ABBÉ JEAN)
   Vénus dans le cloître, ou la Religieuse en chemise, entretiens curieux
   par l'abbé Duprat, Cologne, 12°.   (Barbier)
   BN Enfer 674 (1746)
   Lancaster doubts if novel.

CHAVIGNY
   La Galante hermaphrodite déguisée, nouvelle amoureuse, Amsterdam,
   12°, 100 p.
   8° BL 21144

CHAVIGNY
   Octavie ou l'épouse infidelle, Cologne, 12°.
   A BL 16061

LA ROBERDIÈRE
   L'Amant cloîtré ou les aventures d'Oronce et d'Eugénie, Amsterdam,
   12°, 108 p.   (Nyon)
   8° BL 21451 (anon.)

PRÉCHAC
   Le Batard de Navarre, nouvelle historique, 12°, 105 p.
   A BL 13859

PRÉCHAC
   Le secret, nouvelles historiques, 12°.
   BN Y² 7967

ROCOLES
   Les impostures insignes ou histoires de plusieurs hommes de néant,
   Amsterdam, 12°.   (Delcro)
   BM 10604.a.19

ROCOLES
   La Vie du Sultan Gemes, frère unique de Bajazet II du nom, Empereur
   des Turcs, Leide, 12°.
   BM 1198.a.16

1684

ANON.
   Les Amours en compagne, (vers 1684)   (Delcro)

ANON.
   Don Henrique de Castro ou la conquête des Indes, 12°, 2 vol.
   A BL 14116

ANON.

Le Duc de Guise et le duc de Nemours, nouvelles galantes, Cologne, L. Clou-Neuf, 12°, 95 p.

BN Y² 28626

ANON.

La marmite rétablie par le miracle du père Marc-Aviano, Cologne, 12°. (Delcro)

ANON.

Voyage de l'isle de la Vertu, Rouen, 12°.

A BL 14549

BOMARD DES MALLÉES

Hiacinte, oeuvre curieuse, 12°, 136 p. (Delcro)

Doubtful if novel.

PELISSÉRI

Histoire de l'origine de la royauté et du premier établissement de la grandeur royale, 8°, 580 p.

Historical fiction, about Nembrot and Aphrosie.

PRÉCHAC

Cara Mustapha, grand-vizir, histoire, 12°.

BN Y² 20982

ROCOLES

La Fortune marastre de plusieurs princes . . . de toutes nations, Leyde, J. Prins, 12°.

BM G. 16435 LC (Toinet Collection)

Same as (?): ANON., 1683.

SANDRAS DE COURTILZ

Les conquestes amoureuses du Grand Alexandre, dans les Pays-Bas avec les intrigues de sa cour, Cologne, 12°.

BM 1081.a.13

Not in Woodbridge.

SANDRAS DE COURTILZ

Intrigues amoureuses de la cour de France, Cologne, 12°, 175 p.

8° BL 19675 (anon., 1685)

SCUDÉRY (MLLE DE)

Histoire du comte d'Albe.

In: Conversations nouvelles sur divers sujets, La Haye, Abrahim Arondeus, vol. II, pp. 70-296. This is the 3rd edition of the original of 1684,

"reproduction du texte de l'édition originale", but Mongrédien does not mention this nouvelle.
BN Z 20457 (1710)

1685

ANON.
Le Cabinet d'amour ou l'art de discerner le véritable amour d'avec le faux, 12°. (Delcro)

ANON. (PRINGY)
Les différens caractères de l'amour, 12°, 377 p.
BN Y² 7531
Barbier attributes this work to Mme de Pringy. A nouvelle about l'amour d'inclination.

BOISGUILBERT (P. LE PESANT, SIEUR DE)
Mademoiselle de Jarnac, nouvelle, C. Barbin, 12°, 3 vol.
BN Y² 6631–6633   A BL 13549 (anon.)

CHAVIGNY
Le Berger Gentilhomme, Cologne, 12°.   (Delcro)

POISSON
Les galantes Dames, ou la confidence réciproque, 12°, 2 vol.
A BL 16476 (anon.)   BN Y² 25481

PRÉCHAC
Le Grand Sophi, nouvelle allégorique, 12°.
BN Y² 60344   8° BL 19057

PRÉCHAC
L'Illustre Génoise, histoire galante, 12°, 279 p.
A BL 13619

PRÉCHAC
Seraskier bacha, nouvelle du temps, 12°.
BN Y² 68279
Martino gives 1684.

SANDRAS DE COURTILZ
La Vie du vicomte de Turenne, Cologne.   (Woodbridge)

VANEL
Histoire du temps ou journal galant, 12°, 2 vol.
BN Y² 6669   A BL 14281 (anon.)

VAUMORIÈRE
Agiathis, reine de Sparte, ou les guerres civiles des Lacédémoniens, 12°,
2 vol. (Korting, Barbier, Nyon)
BN Y² 13089-13090 (anon.)
Delcro gives 1671.

VILLEDIEU
Portrait des faiblesses humaines, Lyon, 12°, 141 p.
8° BL 20295 (priv. 1674)   BM 1094.b.12 (1686) (Rolfe)
Morrissette (179) gives 1685.

1686

ANON.
Alix de France, nouvelle historique, Liège, 12°.   (Delcro)
BN Y² 6692
In: Recueil de romans historiques, Londres, (1746-1747), 8 vol. V, 256 p.

ANON.
Le Duc de Montmouth, nouvelle historique, Liège, G. Kalcoven, 12°,
156 p. (Delcro)
BN Y² 28627

ANON.
Les esprits ou le mari fourbé, Liège, 12°, 123 p.
8° BL 20097
A copy also includes: Mlle de Benonville, nouvelle galante, 172 p., (anon.),
and: Les Nouveaux désordres de l'amour, 140 p., (anon.).

ANON.
Ibrahim bacha de bude, nouvelle galante, Cologne, 12°.   (Delcro)
Martino gives 1684.

PRÉCHAC
Le Comte de Tekely, La Haye, 12°.   (Delcro)
A BL 13713
See: VAGINEY, 1686.

PRÉCHAC
Les Intrigues découvertes, ou le Caractère de divers esprits, Vve de
Varennes, 12°, 166 p.
BN Y² 7788

SANDRAS DE COURTILZ
   Conquestes du marquis de Grana dans les Pays-Bas, Cologne, P. Marteau,
   8°, 187 p.
   BN Y² 28626
SANDRAS DE COURTILZ
   Les dames dans leur naturel, ou la galanterie sans façon sous le règne
   du grand Alcandre, Cologne, 12°   (Delcro)
   BM 1081.b.16
VAGINEY (JEAN)
   Le Comte de Tekely, nouvelle historique, La Haye, 12°.
   BN Y² 23580
   See: PRÉCHAC, 1686.

1687

ANON.
   Les Amours du Cardinal de Richelieu, Cologne, 12°.   (Delcro)
   BN Y² 13834 (1870)
   BN Copy says: Roman inédit de l'hôtel de Rambouillet.
ANON.
   L'Heureux Page, nouvelle galante, Cologne, 12°.
   A BL 14371
ANON. (RAGUENET?)
   Zamire, histoire persane, La Haye, A. Troyel, 12°, 234 p.   (Delcro)
   BN Y² 74794
   Same as: RAGUENET (ANON.), Syroës et Mirame, histoire persane, 12°,
   1692, 2 vol.   (Martino)
BERNARD (AIDÉE DE FONTENELLE)
   Eleonor d'Yvrée, les malheurs de l'amour, première nouvelle, 12°, 237 p.
   BN Y² 7793   A BL 15118 (anon., Lyon)
   BM 244.f.2
GIRAULT DE SAINVILLE
   Philadelphie, nouvelle égyptienne, F. Michon, 12°, 188 p.   (Delcro)
   BN Y² 6458 and 18837 (77 p. in petit)
SAINT-MARTIN
   Les disgraces de l'amour, ou le Mousquetaire amant, 12°, 158 p.
   8° BL 20099
   Autobiography. See: ANON., L'Illustre Mousquetaire, 1697. Both written
   in first person.

SANDRAS DE COURTILZ
  Mémoires de Mr. L(e) C(omte) D(e) R(ochefort), 12°.
  BM 1201.b.33
VILLEDIEU.
  Annales galantes de Grèce. (Barbier, Morrissette)
  BN Y² 14049–14050 (1687)
  Author gives sources in Spanish histories, but these are not translations.
VILLEDIEU
  Les Nouvelles africaines (1687?) (Morrissette)

1688

ANON.
  Ambiorixene, sa mort, Lyon, 12°.
  A BL 13333
ANON.
  La Princesse de Phaltzbourg, nouvelle historique et galante, Cologne,
  Marteau, 12°, 126 p. (Delcro)
  BN Y² 6734
ANON.
  La ressuscitée fugitive, Genève, 12°, 128 p.
  8° BL 22081
  Concerns Mlle de Chaulieu and Protestantism.
BOUDIN (MME) (CHAUVIGNY)
  La fameuse comédienne, ou histoire de la Guérin, auparavant femme et
  veuve de Molière, F. Rottenberg, Francfort, 12°, 89 p.
  BN Rés. Ln²⁷ 14351 (1688)
  Same as: CHAUVIGNY, Intrigues de Molière et celles de sa femme, Lyon,
  12°, 120 p. in petit. Rés. 8° BL 21836 (1690, Chauvigny)
BRILHAC (J. B. DE)
  Agnès de Castro, nouvelle portugaise, Amsterdam, 12°. (Barbier)
  A BL 13814
DU VIGNAN (LE SIEUR DES JOANNOTS)
  Le Secretaire Turc, contenant l'art d'exprimer ses pensées, sans se voir,
  sans se parler et sans s'écrire, avec les circonstances d'une avanture
  Turque, 12°, 340 p.
  8° BL 18391   BN J. 12004   BM 1043.b.28
  Same as: Le langage muet, 1688 (see Appendix) with added story about
  harem.

LA ROCHE-GUILHEM
Le Grand Scanderberg, nouvelle, Amsterdam, 12°.
A BL 13912
See: CHEVREAU, 1644.

PRÉCHAC
Le Prince esclave, nouvelle historique, 12°.
BN Y² 60348   A BL 14262

VASCONCELLE (MME GOMEZ DE)
Le Mary jaloux, nouvelle, 12°.
BN Y² 7798

1689

ANON.
Aventures de Ravenau de Lussan.   (Adam, V, 317)

ANON.
Journal amoureux de la cour de Vienne, Cologne, P. Marteau, 12°, 160 p.
BN Y² 44377   8° BL 18036

ANON.
Le Taureau banal de Paris, Cologne, 12°, 160 p.
8° BL 22631
Concerns comte de Monruel, maison de Baume.

ANON.
La vie de Claire Isabelle, archiduchesse d'Insbruck, femme de Charles
Second duc de Mantoue, avec l'histoire du religieux marié, 12°, 65 p.
(vers 1689)   (Delcro)
BN Z Rés. Fontanieu 344 (7) (1696)

BERNARD (MLLE CATHERINE)
Le Comte d'Amboise, nouvelle galante, La Haye, A. de Hondt, 12°, 202 p.
BN Y² 28769

FERRAND (ANNE DE BELLINZANI, MME MICHEL)
Histoire nouvelle des amours de la jeune Belise et de Cléante, 12°, 168 p.
(Barbier)
BN Y² 42471   A BL 15640 (1691, anon.)
Later editions: Histoire des amours de Cléante et de Belise.

1690

ANON.

L'homme à bonne fortune ou l'heureux comte, La Haye, 12°, 112 p.
8° BL 18728
Probably same as: L'homme à bonnes fortunes ou le galant à l'épreuve,
La Haye, 12°, 1691 (anon.) (Delcro)

ANON.

Intrigues amoureuses de quelques anciens Grecs, La Haye, 12°.
8° BL 17364

ANON.

Rome amoureuse ou la doctrine des dames et des courtisanes romaines,
Amsterdam, 12°.

ANON.

Les secrets de l'amour, 12°. (Delcro)

ANON.

Valentin et Orson, histoire de deux nobles et vaillans Chevaliers, Lyon,
8°.
A BL 16292

F.A.Q.

L'Esclave religieux et ses aventures, 12°, 290 p.
8° BL 22025
Concerns 8 years of captivity in Africa. See: GALLONGE, 1679.

J.D.D.C. (JACQUES DUBOIS DE CHASTENAY)

Arsène, ou la vanité du monde, 12°.
A BL 14620

M.B.P.

L'Amante convertie ou l'illustre pénitent, Lyon, Claude Martin, 8°,
124 p.
BN Y² 13624

AULNOY (ANON.)

Les Avantures d'Hippolyte, Comte de Douglas, 12°. (Delcro, Körting)
BN Y² 6768-6769 (Histoire d'Hypolite)

AULNOY

Mémoires de la Cour d'Espagne, 12°, 2 vol.
BN OC. 487 and Y² 1574 and 1576 (1692)

BERNARD
  Edgard, roi d'Angleterre, 12°, (vers 1690)   (Delcro)
  See: ANON., 1695; JUVENEL, 1696.

MAILLY (CHEVALIER DE) (MÉRÉ) (CHEVALIER DE)
  Les disgraces des amants, G. Quinet, 12°, 290 p.   (Barbier)
  BN Y² 7599   A BL 15016 (1697, anon.)
  BN cat. gives Mailly.

1691

ANON. (RAVEZ) (CLAUDE, AVOCAT DE PARLEMENT À DIJON?)
  Dom Alvare, Cologne, 12°.   (Barbier)
  A BL 13810

ANON.
  La Vie et amours du Comte Louis, Electeur Palatine, Heidelberg, 12°.
  A BL 13671
  Same as (?): Abrégé de la vie et des amours de Charles Louis, Electeur
  Palatin, Heidelberg, 12°, 1691 (anon.).

AULNOY
  Histoire de Jean de Bourbon, Prince de Carency, C. Barbin, 12°, 3 vol.
  (Barbier)
  BN Y² 6603-6605 and 15064-15066   A BL 13498 (1692)

AULNOY
  Relation du voyage d'Espagne, C. Barbin, 12°, 3 vol.
  BN O. 14 and Y² 6833-6834
  "Cette relation est très exacte et très conforme à la vérité."

CHAPPUZEAU (DANIEL-PAUL)
  Coronis, pastorale héroïque, 4°.   (Delcro)
  Uncertain if novel.

LA ROCHE-GUILHEM
  Zingis, histoire tartare, La Haye, 12°.
  BN Y² 8485 and 42539 (Histoires tragiques et galantes, t. iii, Rouen,
  1723)

LARREY (ISAAC DE)
  L'Héritière de Guyenne ou histoire d'Eléonor, fille de Guillaume, dernier
  duc de Guyenne, femme de Louis VII, Rotterdam, 8°, 245 p.   (Delcro)
  BN 8° Lb¹⁵ 1   A BL 15524 bis
  Uncertain if fiction.

1692

ANON.
Les agréments et les chagrins du mariage, nouvelle galante, 12°. (Delcro)
A BL 16678

AULNOY (?)
Mémoires et avantures singulières de la cour de France, La Haye, J. Alberts, 12°, 348 p.
8° BL 17674 (2nd edition)   BN Y² 15078 (2nd edition)
A copy: dedication by author of Voyage d'Espagne. Storer says not by Aulnoy.

MME D' (AULNOY)
Nouvelles espagnoles, 12°, 2 vol.
BN Y² 6837–6838 and 56920–56821   8° BL 18217
Stories of 50 p. each. Uncertain if translations.

FOIGNY (pseud. JACQUES SADEUR)
Aventures dans la découverte et le voyage de la Terre australe, 12°.
BN Y² 9312   A BL 14576
Adam (V, 322) says this is La Terre australe connue (1676) greatly modified.

LA ROCHE-GUILHEM (DUFRESNY?)
Nouvelles historiques, Leyde, 12°, 2 vol.
A BL 14350 (anon.)
Barbier gives Dufresny; Delcro gives Mlle de la Roche-Guilhem.

QUINET
La Duchesse de Médo, nouvelle historique et galante, 12°, 2 vol.
A BL 13627
Delcro gives anon.; A cat. gives Quinet.

1693

ANON. (MME DE . . .)
Le Duc de Guise, La Haye, 12°.
A BL 13544
See: BRYE, 1694.

ANON.
Histoire d'Héloïse et d'Abelard, La Haye, 12°.
BN: Histoire des Amours d'Abailard et d'Héloïse, Amsterdam, 1700, 12°, 340 p. BN Y² 42328.
See: ALLUIS, 1675; DUBOIS, 1695; ANON., 1696.

ANON.
Les Illustres infortunés, ou les Avantures galantes des plus grands héros de l'antiquité, 12°.
8° BL 17368 (1695)

ANON.
La Princesse Agathonice ou les différens caractères de l'amour, 12°.
A BL 15382

CHAVIGNY
La Religieuse cavalier, La Haye, 12°, 111 p.
8° BL 22528 (1693, 3rd edition)

LE NOBLE
Ildegerte, reine de Norvège ou l'amour magnanime, 12°.   (Barbier, Nyon)
BN Y² 6761–6762 (1694)

VASCONCELLE
Le Galant nouvelliste, histoires du tems, (La Haye), 12°.   (Barbier)

1694

ANON.
Amours de Monseigneur le Dauphin et de la Comtesse du Rouse (?), Cologne, 12°.
Part of: La France galante, ou histoires amoureuses de la cour, Cologne, P. Marteau, 1°, 504 p.   (Delcro)
BN Lb³⁷ 3934
Same as (?): La chasse au loup de Monseigneur le Dauphin, 1695 (anon.)

ANON.
Le Courier du Cabinet d'Amour, nouvelles galantes, Mons (Rouen), 12°, 160 p.
8° BL 20085
2 stories.

ANON.
Histoire des amours du duc d'Arione et de la comtesse Victoria, La Haye, 12°.
A BL 15438

ANON.
Histoire des amours du Maréchal de Luxembourg, Cologne, 12°.
A BL 13559

ANON. (MLLE . . .)
L'Innocente justifiée, histoire de Grenade, 12°.
A BL 13852 (La Haye)

BRYE (ANON.)
Le Duc de Guise, surnommé le Balafré, M. Brunet, 12°, 315 p.
BN Y² 28623 (1695, 2nd edition)
See: ANON., 1693.

LA FORCE
Histoire secrette de Marie de Bourgogne, Lyon, H. Baritel, 12°. (Körting)
BN Y² 42488　A BL 13568
Same as: La Force, Histoire secrète de Bourgogne, S. Bënard, 12°, 1694, 2 vol., BN Y² 6567-6568.

LE NOBLE
Zulima, ou l'amour pur, seconde nouvelle historique, G. de Luyne, 12°, 289 p. (Nyon)
BN Y² 56321　A BL 16351

VANEL
Galanteries des rois de France depuis le commencement de la monarchie jusqu'à présent, Bruxelles, 12°, 2 vol. (Barbier)
BM 12510.aaaa
Same as: Vanel, Intrigues galantes de la cour de France, Cologne, 8°, 2 vol., BN Y² 6696-6697 (1694).

1695

ANON.
La chasse au loup de Monseigneur le Dauphin ou la rencontre du Comte de Rourre dans les plaines d'Anet, Cologne, 12°, 312 p.
8° BL 17685
Same as (?): ANON., 1694.

ANON.
Edward, 12°. (Delcro)
See: BERNARD, 1690; and Edouard, histoire d'Angleterre, by Juvenel (Appendix).

ANON.

L'Esprit familier de Trianon, ou l'apparition de la duchesse de Fontanges, contenant les secrets de ses amours et de sa mort, Cologne, 12°, 141 p.
A BL 13539
See: CHAMPCLOS, 1698.

ANON. (LA FORCE?)

Histoire secrette des amours de Henry IV, Roi de Castile, surnommé l'impuissant, La Haye, Van Dole, 12°, 260 p.
BN Y² 42489
Barbier gives: Mlle de la Force. Same as (?): La Force, Histoire secrète de Henry IV, roy de Castille, S. Bénard, 12°, 290 p. (1695), BN Y² 6827.

ANON.

Le Tombeau des amours de L.L.G. (Louis le Grand) et ses dernières galanteries, Cologne, 12°, 171 p. (Delcro)
8° BL 17656

ANON.

La vie et les aventures de la Jeune Olinde, Cologne, 12°.
A BL 16067
Same as (?): ANON., 1697.

DE P(RINGY)

Junie ou les sentiments romains, 12°.
A BL 13362 (anon.)
Same as (?): PRINGY, 1698.

MME DE . . .

Sapho, ou l'heureuse inconstance, La Haye, 12°.

AULNOY

Mémoires de la cour d'Angleterre, C. Barbin, 12°, 2 vol.
BN Y² 6800–6801   8° BL 18164

CHEVREMONT (V. A. S.)

La Connaissance du monde, voyages orientaux, nouvelles historiques, contenant l'histoire de Rhétima Georgienne, Sultane disgraciée et de Ruspia Mingrelienne, sa Compagne de Serrail, avec celle de la fameuse Zisbi, Circassienne, 12°, 280 p.
BN Y² 9313 and 23650   8° BL 18460 (ded. signed: De V.A.S.)
2 stories.

DUBOIS (N. J.)

Histoires des amours et infortunes d'Abailard, 12°. (Delcro)
See: ALLUIS, 1675; ANON., 1696.

LA ROCHE-GUILHEM
Les Amours de Néron, La Haye, 12°.
BM 10606.aa.14 (Rolfe)

LE NOBLE
Mémoires de la vie de Mlle Delfosses ou le Chevalier Baltazard, 12°,
270 p.
BN Y² 52521

LESCONVEL (PIERRE DE)
Aventures de Jules César et de Murcie dans les Gaules, ou le modèle
de l'amour parfait, 12°, 131 p.
BN Y² 15254   A BL 13344   BM 12513.aaa

LESCONVEL (ANON.)
La Comtesse de Chateaubriant, 12°, 318 p.
BN Y² 33587   A BL 13501 (anon.)
Reprinted as: Intrigues amoureuses de François 1er ou l'histoire tragique
de Françoise, comtesse de Chateaubriant, Amsterdam, 1695.
BN Y² 6590.

L'HÉRITIER DE VILLANDON (MLLE)
Marmoisan ou l'innocente tromperie, nouvelle héroïque et satirique,
12°. (Delcro)
In: Oeuvres meslées, J. Guignard, 12°, 424 p.   BN Y² 57098. Listed by
the same publisher as other works by this author in: Ismaël, Princesse de
Maroc (1698), are: L'Adroite princesse, ou aventures de Finette; Les
Enchantements de l'éloquence, ou les effets de la douceur, and Artault
ou l'avare puni (verse).

MAILLY (L.C.D.M.)
Rome galante ou histoire secrète sous les règnes de Jules César et
d'Auguste, 12°, 2 vol.
BN Y² 6486   A BL 13348

PRINGY (MME DE)
L'Amour à la mode, satyre historique, 12°, 279 p.
BN Y² 13740   8° BL 17844

TENAIN (MME DE)
Histoire du comte de Clare, nouvelle galante, Cologne, J. Lalemand, 12°,
206 p.   (Barbier)
BN Y² 6804   BM 12513.cc.41 (1) (Rolfe)

VAPERAT
  Le bel Anglais, Bruxelles, 12°.
  A BL 14151

1696

ANON.
  L.Art d'aimer, ou le triomphe de l'amour, Cologne (Rouen), 12°, 240 p.
  8° BL 20006
  6 stories; 2 are 8 p. each.
ANON.
  Les Dupes de l'amour, nouvelles galantes, Leyde, 12°, 357 p.
  8° BL 18844
  2 stories.
ANON. (BERNARD?)
  Inès de Corduë, nouvelle espagnole, M. et G. Jouvenel, 12°, 257 p.
  BN Y² 6836 and 43353   A BL 13848
  Storer doubts by Bernard.
ANON.
  Mémoires secrets de Mr. L.D.D.O., ou les Avantures comiques de
  plusieurs grands Princes de la cour de France, J. Bredou, 12°. (Nyon)
  BN Y² 15079   A BL 13442
  Storer says not by Aulnoy.
ANON.
  Nouvelles amours de Louis le Grand, 12°. (Delcro)
ANON.
  Le Philosophe amoureux, histoire galante, contenant une dissertation
  curieuse sur la vie de P. Abaillard et celle d'Héloyse, avec leurs intrigues
  amoureuses et plusieurs lettres (d'Héloyse à Abaillard et les réponses du
  même à cette Belle), Au Paraclet, 12°, 272 p.
  BN Y² 7912 (2nd edition, 1697, by F. N. Dubois)
  Probably same as: DUBOIS, 1695. See: ALLUIS, 1675; ANON., 1693.
D.P.E.
  Histoire de amours du Mareschal de Boufflers, 12°, 437 p.
  BN Y² 6659
BAUDOR DE JUILLY (NICOLAS) (ANON.)
  Histoire de Catherine de France, reine d'Angleterre, G. de Luyne, 12°,
  349 p.
  BN Nc. 49 and Y² 42117 (1700, 2nd edition)   A BL 13753 (Lyon, 12°)

BAUDOT DE JUILLY
Histoire secrette du Connestable de Bourbon, B. de Luynes, 12°, 324 p.
BN Ln²⁷ 2689 (lost)   BN Y² 42497 (2nd edition)

BRICE (FRANÇOIS)
La Fille illustre, 12°.   (Delcro)

BRICE (FRANÇOIS)
Le retour de la campagne, 12°.   (Delcro)

CHEVREMONT
Histoire et avantures de Kenûski, J. Guignard, 12°, 417 p.
BN Y² 9314 (1697) and 42457
Probably the same as: MME D., Histoire et fortunes de Kemiski,
Georgienne, Bruxelles, 12°, 286 p. (1698), 8° BL 18457, and: Le Noble
(?), Histoire et les avantures de Kemiski, Géorgienne, par Mme D . . .,
Bruxelles, 12°, 286 p., (1697), BN Y² 42457, which are identical.

M. DE G(RAAFT)
Aventures secrettes et plaisantes recueillies par M. de G. . . ., J. Le
Febvre, 16°, 263 p.   (Barbier)
BN Y² 8480 (1697)   8° BL 18695
24 adventures.

FÉNELON (F. DE SALIGNAC)
Aventures d'Aristonoüs, La Haye, 12°, 9 p.
BN Y² 34520

LA FORCE
Histoire de Marguerite de Valois, reine de Navarre, soeur de François
Iᵉʳ, S. Bénard, 12°, 2 vol.
BN Y² 6595-6596

LE NOBLE DE TENNELIÈRE (EUSTACHE)
Abra-Mulé, l'histoire du déthronement de Mahomet IV, nouvelle
historique, 12°.   (Delcro)
BN G. 11813

POIRET (PIERRE)
La Théologie du coeur, contenant le berger illuminé, roman mystique,
6°.   (Delcro)
Author of several books on religion, mostly in Latin.

SAINTONGE (MME GILLOT DE)
Histoire secrète de don Antoine, roi de Portugal, 12°.
A BL 13819   BM 611.b.30

K

In BM cat.: Histoire de Dom Antoine, Roy de Portugal, tirée des Mémoires de G. Vasconcelles de Figueredo, par Mme de Sainctonge.

SANDRAS DE COURTILZ (?)
Le Grand Alcandre frustré, ou les derniers efforts de l'amour et de la vertu, histoire galante, Cologne, 18°. (Barbier)
BM 12511.de (1719)   LC DC126.C67 (1719)
Woodbridge doubtful. Claims A copies 1696 and 1719.

VAUMORIÈRE
Amours de Mlle de Tournon, Amsterdam, 12°.   (Morrissette)
A BL 16284 (anon.)

1697

ANON.
Les Amours d'une belle Angloise, ou la vie et aventures de la jeune Olinde, Cologne (Rouen), 12°.
A BL 13781
Same as (?): ANON., 1695.

ANON.
Les Amusemens de la Princesse Atilde, 12°, 2 vol.
BN Y² 7059–7060

ANON.
Les Egarements des passions et les chagrins qui les suivent, représentés par plusieurs avantures du tems, 12°.
BN Y² 32043

ANON.
L'Illustre Mousequetaire, nouvelle galante, 12°, 182 p.
BN Y² 7868   A BL 16762
Written in first person. See: SAINT-MARTIN, 1687.

ANON.
Nouvelles tirées de plusieurs auteurs tant français qu'espagnols, 12°.
(Delcro)

BLESSEBOIS
Le Zombi du Grand Pérou ou la Comtesse de Cocagne, 12°, 145 p.
BN Rés. Y² 3302   A BL 16349
Barbier gives Antilles et Rouen, 1697.

BORDELON (L'ABBÉ LAURENT)
Les Malades en belle humeur ou lettres divertissantes écrites de Chaudry, Lyon, J. Guerrier, 12°, 424 p. (Delcro)
BN Z. 18054 LC (Toinet Collection)
Tales and anecdotes.

CATALDE
Les Amours du Marquis de Charmonde et de Mlle de Grange, Bruxelles, 12°.
A BL 13500

LA FORCE
Gustave Vasa, histoire de Suède, S. Bénard, 12°, 2 vol. (1697–1698)
BN Y² 6756–6757 8° BL 18103 (1698)
History fictionalized.

LA LANDE
Aventures secrètes, 12°. (Delcro)
8° BL 18864
A copy gives La Lande, but the date leads to believe that this is a reprinting or reworking of: LA LANDE, 1620. Not same as: DE GRAAFT, 1696.

LA ROCHE-GUILHEM
Histoire des favorites, contenant ce qui s'est passé de plus remarquable sous plusieurs regnes, Amsterdam, 12°, 336 p.
BN G. 28573 (1698)   A BL 13447   LC PQ1814.L7.A65 (1703)

LE NOBLE
La Fausse comtesse d'Ysambert, nouvelle divertissante, 12°, 340 p.
BN Y² 56318
See: SALIEZ, 1678.

LE NOBLE
Mylord Courtenay, ou histoire secrète des premières amours d'Elizabeth d'Angleterre, 12°.
BN Y² 56320 (1703)   BM 12511.aa.16

LE NOBLE
Voyage de Falaise.
BN Y² 7476–7477 (1742)
Actual title of BN copy is: Amusemens de la campagne, ou recréations historiques, avec quelques anecdotes contenant le Voyage de Falaise et la Fausse Comtesse d'Isemberg.

LESCONVEL (P. DE)

Les actions héroïques de la comtesse de Montfort, duchesse de Bretagne, nouvelle historique, Vve C. Mazuel, 8°, 234 p.
BN Y² 6589

LESCONVEL

Anne de Montmorency, Connestable de France, nouvelle historique, 12°, 428 p.
BN Y² 6611 (achev. d'imp. 19 oct. 1667 (1697?))
Barbier gives 1697. Same as (?): ANON., 1698.

LESCONVEL

Le Prince de Longueville et Anne de Bretagne, nouvelles historiques, 12°, 268 p.
BN Y² 6588

1698

ANON.

Les amans cloîtrés, Cologne, 12°.
A BL 15037

ANON. (MME D.)

Cupidon dans le bain, ou les aventures amoureuses des personnes de qualité, La Haye, 12°, 322 p.
8° BL 21961
7 stories, with Spanish subjects.

ANON.

Le Défenseur du Vray mérite de sa maîtresse et de deux autres galantes, Lyon, 12°, 316 p.
8° BL 22358
Three stories. Le Napolitain, same as: GERMONT, 1682; Le généreux Bandit, and Le Duc et la belle Thérèse de Mendoza.

ANON.

Donna Hortense, nouvelle espagnole, M. et G. Jouvenel, 12°, 242 p.
(Delcro)
BN Y² 28022

ANON.

L'Ecole des maris jaloux, ou les fureurs de l'amour jaloux, Neufchâtel, M. Fortin, 12°, 212 p.
BN Y² 31741

ANON.

Le Héros ou le grand Montmorency, 12°. (Delcro)
Same as (?): LESCONVEL, 1697.

ANON.

Histoire des intrigues amoureuses du père Peters, Cologne, 12°. (Delcro)

ANON.

Histoire du portrait de Mme la Princesse de Conti, Amsterdam, 12°.
Not found. See: ANON., 1698.

ANON.

Le Marquis de . . ., nouvelle galante, 12°.
A BL 14304

ANON.

Les Princes rivaux, histoire secrète, 12°.
A BL 16839

ANON.

Raymond, comte de Barcelone, nouvelle galante, Amsterdam, 12°.
A BL 13865
Rolfe says same as: Raimond, nouvelle, Amsterdam, 12°, 1698, A BL
13316.

ANON.

Les Soeurs rivales, histoire galante, 12°.
A BL 16927

ANON.

Le Triomphe de la bazoche, et les amours de M. Sébastien, Grapignan,
12°, 67 p.
8° BL 19598
Le Triomphe, pp. 1-30; Les amours de M. Sébastien, pp. 31-67.

ANON.

Le Triomphe de la Déesse Monas, ou l'histoire du Portrait de Mme la
Princesse de Conti, Amsterdam, 12°.
BN Y² 6662
Same as (?): ANON., 1698.

BRICE

Granicus ou l'Isle galante, nouvelle historique et véritable, Vve C. Mazuel,
12°, 319 p. (Delcro)
BN Y² 7192   8° BL 18876

CHAMPCLOS (MLLE MORVILLE DE)
  L'Oiseau de Trianon, Strasbourg, Jean-Fréderic Spoor.   (Dallas)
  See: ANON., 1695.

DUFRESNY (CHARLES)
  Le Puits de la vérité, histoire gauloise, M. Brunet, 12°, 285 p.
  BN Y² 12544   A BL 16992 (lost)
  Quérard says Dufresny is a pseudonym of De Frontignères.

LE NOBLE
  Le gage touché, histoire galante et comique, 12°.
  BN Y² 37721 (1722)
  BN edition: Pt. I, 15 stories (172 p.); Pt. II, 9 stories (360 p.), and Le
  gage touché is pp. 269–360.

LESCONVEL
  Le Sire d'Aubigny, nouvelle historique, B. Girin, 12°, 268 p.   (Delcro)
  BN Y² 6588 and 68576

MAILLY
  Aventures secrètes et plaisantes, 12°.   (Delcro)
  LC (Toinet Collection)
  BM cat.: Aventures et lettres galantes, avec la promenade des Tuilleries.
  BM 1081.a.14 (1718).

PRINGY
  Les Amours de la belle Junie ou les sentiments Romains, 12°.   (Delcro)
  Same as (?): De P., 1695.

QUESNOT (J. J.)
  La Femme démasquée, ou l'amour peint selon l'usage nouveau, La Haye,
  A. de Hondt, 12°, 240 p.   (Delcro)
  8° BL 20276   BM 12518.aa.14
  Uncertain if novel.

ROBERDAY
  La Curiosité dangereuse, nouvelle galante, historique et morale, 12°,
  118 p.
  BN Y² 7584.

SANDRAS DE COURTILZ
  Mémoires de Messire J. B. de la Fontaine, Cologne, 12°.   (Woodbridge)
  BM 10964.a.9

1699

ANON.

L'Amant fidèle, 12°. (Delcro)

A BL 15020

ANON.

Histoire véritable de la duchesse de Chatillon, Cologne, P. Marteau, 12°, 192 p. (Delcro)

BN Rés. Y² 1551 and 75658

ANON.

Mémoires curieux et galans d'un voyage nouveau d'Italie, 12°.

A BL 16737

ANON.

Les Morts ressuscités, nouvelles galantes et véritables, Cologne, 12°, 164 p. (Delcro)

8° BL 18943

ANON.

La Religieuse persécutée, nouvelle d'Artois, 8°.

A BL 14645

L.D.D.C.

L'Honnête homme et le scélérat, 12°, 2 vol.

8° BL 20338 (vol. II: 1700)

AUBICOURT (G. D')

Céphise ou l'amante fidèle, 12°. (Delcro)

BAUDOT DE JUILLY

Relation historique et galante de l'invasion de l'Espagne par les Maures, La Haye, Moetjens, 8°, 2 vol.

BN Ob. 70 and Y² 61822–61823   8° BL 29501 (anon.)

Attributed also to Gabriel de Brémond. Delbosc says from Spanish mémoires, but not translation.

DURAND (MME)

La Comtesse de Mortane, nouvelle, 12°, 2 vol.

BN Y² 7282–7283

Barbier gives 1700.

FÉNELON (F. DE SALIGNAC)

Les Aventures de Télémaque, Vve de C. Barbin, 12°, 214 p.

BN Y² 55162

HUGO (L. C.)

L'Histoire de Moyse, Luxembourg, 8°.   (Delcro)
BM 1016.a.16 (Rolfe)
Uncertain if fiction.

MAILLY

L'heureux naufrage, suite des avantures et lettres galantes, 12°.
BN Y² 7873

MURAT

Histoires sublimes et allégoriques, 12°, 2 vol.
A BL 16619
Storer says fairy stories.

MURAT

Le voyage de campagne, 12°, 2 vol.   (Storer)
A BL 14576
A cat. gives Mme Durand.

NODOT (LE SIEUR FRANÇOIS)

La Rivale travestie, ou les aventures galantes arrivées au camp de
Compiegne, 12°.
A BL 16895
Delcro gives: vers 1681.

SANDRAS DE COURTILZ (ANON.)

Mémoires de G. Comte de Chavagnac, 12°.
BM 613.b.5
Woodbridge doubtful.

PART III

ALPHABETICAL LIST OF TITLES

ALPHABETICAL LIST OF TITLES

Abra-Mulé, l'histoire du déthronement de Mahomet IV, 1696, by Le Noble de Tenneliêre.

Abrégé de la Cléopatre, 1668 (anon.). See: LA CALPRENÈDE, 1646.

Abrégé de la vie et des amours de Charles Louis, Electeur Palatin, 1691 (anon.). See: ANON., 1691.

Abrégé de l'histoire d'Ariades, 1630, by L.S.D.M. (Le Sr de Marandé).

Abrégé des aventures d'Achille, Prince de Numidie, 1682 (anon.).

Les Abus du mariage, où sont clairement representez les sutilitez des honnestes tant des femmes que des hommes, 1641, by Crispin de Pas.

L'Académie des vertueux, 1600, by Du Souhait.

Academie galante, 1682 (anon.).

Les Actions héroïques de la Comtesse de Montfort, duchesse de Bretagne, nouvelle historique, 1697, by Lesconvel.

L'Adamite, ou le jesuite insensible, 1682 (anon.).

Adelaïde de Champagne, 1680, by Vaumorière.

Les Admirables Faits d'armes d'Alcestes servant l'infidele Lydie, 1613, by Des Escuteaux.

Advantures. See also: Avantures and Aventures.

Les Advantures de Melindor et d'Amasie, 1634 (anon.).

Les Advantures de Poliandre et Théoxène, 1623, by Beaulieu.

Les Advantures de Polixène. See: La Polixène.

Agathonphile, ou les martyrs siciliens, 1621, by Camus.

Agiathis, reine de Sparte, ou les guerres civiles des Lacédémoniens, 1685, by Vaumorière.

Agnès de Bourgogne, 1680 (anon.). See: ANON., 1678.

Agnès de Castro, nouvelle portugaise, 1688, by J. B. de Brilhac.

Agnès, Princesse de Bourgogne, nouvelle, 1678 (anon.).

L'Agréable Ignorant et la belle Eclairée, 1672, by M.D.P.

Les Agréables Diversités d'amour, contenant cinq histoires tragiques de ce temps, sur les aventures de Chrysaure et de Filimène, 1614, by Moulinet.

Les Agréables Divertissements françois, contenant plusieurs rencontres facetieuses de ce temps, 1654 (anon.).

Les Agréements et les chagrins du mariage, nouvelle galante, 1692 (anon.).

Les Alarmes d'amour, où les effects plus violens se voyent heureusement surmontés par la fidelité de Philismond et Pandionne, 1605, attributed to Estival and J. Duval.

Albert de Ligne, prince de Barbançon, vers 1650 (anon.).

Alcidamie, 1661, by Mme de Villedieu.

Alcide, 1647, by P.A.D.

Alcime, relation funeste, où se découvre la main de Dieu sur les impies, 1625, by Camus.

Alcine, Princesse de Perse, nouvelle, 1683 (anon.).

Alcippe ou le choix des galants, 1661, by Someire.

Alexandre et Isabelle, histoire tragi-comique, où se voit un véritable récit des aventures et des amours les plus belles de ce temps, 1626, by Humbert de Queyras.

Alexis, 1622, by Camus.

Alfrede, reyne d'Angleterre, 1678 (anon.).

Alix de France, nouvelle historique, 1686 (anon.).

Almahide ou l'Esclave Reine, 1660, by Mlle de Scudéry.

Almanzaïde, nouvelle, 1674, by Mlle de la Roche-Guilhem.

Almintes, 1623, by Des Escuteaux.

Aloph, ou le Parastre malheureux, histoire françoise, 1626, by Camus.

Alosie ou les amours de Mademoiselle de M.T.P. 1680 (anon.). Same as: Lupanie, 1668 (Blessebois?).

L'Amadis de Gaule, 1629, by Marcassus.

Amador de Cordoue, histoire espagnole, 1672 (anon.).

Les Amans cloitrés, 1698 (anon.). See: ANON., 1683.

Les Amans jaloux, 1616, by Du Verdier.

Les Amans malheureux, 1698 (anon.).

L'Amant cloitré ou les aventures d'Oronce et d'Eugénie, 1683, by Sr de la Roberdière.

L'Amant de bonne foy, 1672 (anon.).

L'Amant fidèle, nouvelle, 1699 (anon.).

L'Amant oisif, 1671, by De Garouville.

L'Amant parjure, ou la fidelité à l'épreuve, 1682, by Chavigny.

L'Amant ressuscité, 1657, by Ancelin.

L'Amante artificieuse ou le Rival de soy-même, intrigue galante, 1682, by Chavigny.

L'Amante convertie ou l'illustre pénitente, 1690, by M.B.P.

Les Amantes infideles trompées, histoire véritable, 1638, by Demorais.

Les Amants trompés, histoire galante, 1696 (anon.).

L'Amazone Chrétienne ou les aventures de Mme de St. Balmon, 1678, by L.P.J.M.D.V. (Le P. Jean-Marie de Vernon).

Ambiorixène, sa mort, 1688 (anon.).

L'Ambitieuse Grenadine, histoire galante, 1678, by le Sr de Préchac.

Amelinte, 1635, by le Sr Claireville.

Amelonde, histoire de notre temps, 1669, by d'Aubignac.

Amitiés, amours et amourettes, 1664, by Le Pays.

Les Amitiés malheureuses, histoire de Sparte, 1688 (anon.). See: ANON., Histoire des pensées, 1671.

L'Amour à la mode, satyre historique, 1695, by Mme de Pringy.

L'Amour aventureux, 1623, by Du Verdier.

L'Amour échappé, en quarante histoires, 1669, by De Visé.

L'Amour en fureur, 1667 (anon.).

L'Amour innocent, ou l'illustre Cavalier, 1651, by Someire.

L'Amour marié, ou la bizarrerie de l'amour en Estat du mariage, 1681, (anon.).

L'Amour parfait, sous les chastes amours de Polidon et de Darinde, 1621, by Espinay.

L'Amour sans faiblesse ou Anne de Bretagne, 1671, by l'abbé Montfaucon de Villars.

L'Amour voilé découvert, histoire romaine, 1674 (anon.).

L'Amoureux Africain, nouvelle galante, 1676, by B.M.

Les Amours d'Abailard et d'Heloïse, 1675, by Jacques Alluis.

Les Amours d'Amisidore et de Chrysolite, 1623, by Du Bail.

Les Amours d'Amynthis et de la belle Odylie, 1601, by G. de Bazyre d'Amblainville.

Les Amours d'Anaxandre et d'Orazie, où sont entremeslées les avantures d'Alcidaris, 1636, by Boisrobert. See: BOISROBERT, 1629.

Les Amours d'Angélique, 1626, by le Sr D. R. See: REMY, 1625.

Les Amours d'Antiocus, Prince de Syrie et de la Reine Stratonique, 1675, by Le Febvre.

Les Amours d'Archidiane et d'Almoncidas, 1642, by Du Broquart.

Les Amours d'Aristandre et de Cléonice, 1624, by D'Audiguier.

Les Amours de Clarimont et Antonide, 1601, by Des Escuteaux.

Les Amours de Cléante et de Cleonie, 1624, by Mlle de Scudéry.

Les Amours de Cléomede et de Sophonisbe. See: GERZAN, 1627.

Amours de Climandre et d'Aristée, 1636, by Sainte-Suzanne. Same as: SAINTE-SUZANNE, 1635.

Amours de Cloriarque et d'Ilis, histoire véritable de ce temps, 1633 (anon.). See: CLAROS, 1633.

Les Amours de Coralin et Palmerine, 1607, by Méré (Elizabeth).

Les Amours de Dorimon et de Célie, 1635 (anon.).

Les Amours d'Endymion et de la lune, 1624, by A. Rémy.

Les Amours de Floris et Cléonthe, 1613, by Moulinet.

Les Amours de Genevieve et d'Ariodant, 1601, by D'Espinaud.

Amours de Glorian et d'Ismene, 1600, by Du Souhait.

Les Amours d'Ircandre et Sophronie, 1636, by Humbert de Queyras.

Les Amours de l'amant converti, 1604, by Juliard.

Les Amours de la belle du Luc, 1606, by Gontier.

Les Amours de la belle Armide. See: Les Amours d'Armide.

Amours de la belle Julie, 1676 (anon.).

Les Amours de la belle Junie ou les sentiments Romains, 1698, by Mme de Pringy.

Les Amours de la belle Melicerte, 1680 (anon.).

Les Amours de la chaste nymphe Pegase et de Lisandre et Paris, 1600, by Jacques Corbin.

Les Amours de la cour et de la pastorale, 1623, by Du Rosier.

Les Amours de la Magdelene, où l'amour divin triomphe de celui du monde, 1618, by Bareau.

Les Amours de Lydiam et Floriande, 1605, by Des Escuteaux.

Les Amours de Mademoiselle, avec le Comte de Lauzun, 1673 (anon.).

Amours de Mlle de Tournon, 1696, by Vaumorière.

Les Amours de Marc-Antoine, 1676 (anon.).

Les Amours de Melite et de Statiphile, 1609 (anon.).

Les Amours de Mirtel, 1661 (anon.).

Amours de Monseigneur le Dauphin et de la Comtesse du Rouse (?), 1694 (anon.).

Les Amours de Néocale et de Polémice, 1621 (anon.).

Les Amours de Néron, 1695, by Mlle de la Roche-Guilhem.

Les Amours de Pâris et d'Œnone, 1602, by Guy de Tours.

Les Amours de Philinde, 1601, by F.F.D.R.

Les Amours de Philocaste, 1601, by Corbin.

Les Amours de Pistion, 1601, by Du Perier.

Les Amours de Psiché et de Cupidon, 1669, by La Fontaine.

Les Amours de Rozimante, Clériande et Célidor, 1636, by Sr de M.

Les Amours de Soliman Musta-Feraga, Envoyé de la Porte, près sa Majesté en 1669, 1675, by D.S.R.

Amours des dames illustres de France ou histoire satirique des galanteries des dames de la cour sous Louis XIV, 1680 (anon.).

Les Amours des déesses, avec les amours de Narcisse, 1627, by Puget de la Serre.

Les Amours des dieux, 1624, by Jean Puget de la Serre.

Amours des grands hommes de France, 1671, by Mme de Villedieu.

Les Amours d'une belle angloise, ou la vie et aventures de la jeune Olinde, 1697 (anon.).

Les Amours diverses, 1607, by Des Escuteaux.

Les Amours diverses, 1629, by Brethencourt.

Amours diverses, divisées en dix histoires, 1606, by Sr de Nervèze.

Les Amours du Cardinal de Richelieu, 1687 (anon.).

Amours du Comte de Dunois, 1670, by Vaumorière.

Les Amours du Marquis de Charmonde et de Mlle de Grange, 1697, by De Catalde.

Les Amours du Palais-Royal, 1665 (anon.), by Bussy-Rabutin (?).

Les Amours du Prince Charles de Lorraine avec l'impératrice douairière, 1678 (anon.).

Amours du Roi et de la Reine sous le nom de Jupiter et de Junon, avec les magnificences de leurs Nopces, 1625, by Puget de la Serre.

Les Amours en campagne, vers 1684 (anon.).

Les Amours et les armes des princes de Grèce, 1623, by Du Verdier.

Les Amours folastres du Filou et de Robinette, 1629 (anon.).

Les Amours historiques des princes, 1642, by Grenaille.

Amours infidelles, 1635, by Sr de Claireville.

Amours infortinées de Doris, 1601 (anon.). See: FOUET, 1600.

Les Amours, intrigues et caballes des domestiques des grandes maisons de ce temps, 1633 (anon.).

Amours véritables d'Alisperans et Raginte, 1661 (anon.).

L'Amphitheatre sanglant, où sont representées plusieurs actions tragiques, 1630, by Camus.

Les Amusemens de la Princesse Atilde, 1697 (anon.).

Anaxandre, nouvelle, 1667, by Mme de Villedieu (Mlle Desjardins).

L'Angélique, 1625, by Rémy.

L'Angélique, 1626, by Sr de Montagathe.

Annales galantes de Grece, 1687, by Mme de Villedieu.

Annales galantes de Lorraine, année 1668, 1682 (anon.).

Anne de Montmorency, Connestable de France, nouvelle historique, 1697, by Lesconvel.

Antiochus, Prince de Syrie, histoire galante, 1679 (anon.). See: LEFEBVRE, 1675.

Antiope, 1644, by Guérin de Bouscal.

L'Anti-Roman ou l'Histoire du berger Lysis, accompagnée de remarques par Jean de la Lande, 1633, by Sorel.

Apologie du silence en amour, 1649 (anon.).

L'Apothicaire de qualité, nouvelle galante et véritable, 1669 (anon.). See: DONNEAU DE VISÉ, 1664.

Araspe et Simandre, 1672 (anon.).

Ariane, 1632, by Desmarets de Saint-Sorlin.

L'Arioste imité, 1607, by Favoral.

Arioviste, histoire romaine, 1674, by Mlle de la Roche-Guilhem.

Aristandre, histoire germanicque, 1624, by Camus.

Aristandre ou l'histoire interrompue, 1644, by l'abbé d'Aubignac (D'Audiguier?).

L'Aristée, 1635, by Sr de Sainte-Suzanne.

L'Arrière-ban amoureux, 1675, by T.J.

Arsene, ou la vanité du monde, 1690, by J.D.D.C.

L'Art d'aimer ou le triomphe de l'amour, 1696 (anon.).

Artamene ou le Grand Cyrus, 1649, by Mlle de Scudéry.

Artémise et Poliante, nouvelle, 1670, by Bourault.

L'Artémise, Princesse de Carie, histoire de ce temps, 1635 (anon.).

Les Artifices de la cour, ou les amours d'Orphée et d'Amaranthe depuis trois mois, 1618, by Puget de la Serre.

Astérie ou Tamerlan. See: THÉMIR OU TAMERLAN.

L'Astrée, 1607, by d'Urfé.

Aurélie, nouvelle historique, 1670 (anon.).

Avantures. See also: Advantures and Aventures.

Les Avantures d'Hippolyte, Comte de Douglas, 1690, by Comtesse d'Aulnoy. (Also given as Histoire d'Hypolite).

Avantures d'Italie, 1677, by Sr d'Assoucy (or Dassoucy).

Les Avantures de Lidior, où sont representez les faicts d'armes et ses amours, 1610, by Sr de Nervèze.

Les Avantures du Baron de Faeneste, 1617, by D'Aubigné.

Les Avantures du philosophe inconnu, en la recherche et l'invention de la pierre philosophale, 1646, by Dom Albert Belin.

Les Avantures guerrieres de Leandre, 1608, by A. de Nervèze.

Les Avantures satyriques de Florinde, habitant de la basse région de la Lune, 1625 (anon.). (Charles Sorel de Souvigny).

L

Les Avantures tragi-comiques du chevalier de la Gaillardise, 1662, by De Préfontaine. Same as: PRÉFONTAINE, 1660.

Aventures. See also: Advantures and Avantures.

L'Aventure de l'hostellerie, 1669 (anon.). See: DONNEAU DE VISÉ, 1664.

Aventures dans la découverte et le voyage de la Terre australe, 1692, by Gab. Foigny (pseudonym Jacques Sadeur).

Aventures d'Aristonoüs, 1696, by Fénelon.

Aventures de Jules César et de Murcie dans les Gaules, ou le modele de l'amour parfait, 1695, by Lesconvel.

Les Aventures de la Cour de Perse, 1629, by J. Baudouin.

Les Aventures de M. d'Assoucy, 1677, by D'Assoucy.

Les Aventures de Ravenau de Lussan, 1689 (anon.).

Les Aventures de Renaud et d'Armide, 1678, by L.C.D.M. (le Chev. de Méré).

Les Aventures de Télémaque, 1699, by Fénelon.

Les Aventures du chevalier enchanté, 1623, by Le Sr D. P. (Piloust). Same as: 1614.

Les Aventures et les infortunes de Philiris et d'Isolia, 1601, by Des Escuteaux.

Aventures et lettres galantes. See: Aventures secrètes de plaisantes, 1698, by De Mailly.

Les Aventures fortunées, 1638, by D.T. (M. de T.).

Les Aventures guerrieres et amoureuses de Licide, 1623, by S.L.D.D. (De Dourlens).

Les Aventures héroïques et amoureuses du comte Raymond de Toulouse et de don Roderic de Vivar, 1619, by Loubayssin de la Marque.

Les Aventures nonpareilles d'un marquis espagnol, 1620, by La Lande.

Les Aventures ou mémoires de la vie de Henriette Sylvie de Molière, 1672, by Villedieu.

Aventures provinciales et la fausse comtesse d'Ysambert, nouvelle divertissante, 1697, by Le Noble.

Aventures secrètes, 1697 (anon.).

Aventures secrètes et plaisantes, 1698, by le chevalier de Mailly.

Aventures secrettes et plaisantes recueillies par M. de G. . . ., 1696, by De Graaft.

Aventureuses fortunes d'Ipsilis et d'Alixée, 1602, by Des Escuteaux.

Axiamire, ou le roman chinois, 1675 (anon.).

Axiane, 1647 (anon.).

Bajazet, 1679, by Rousseau de la Vallette.

Le Batard de Navarre, nouvelle historique, 1683, by De Préchac.

Les Beau Polonais, nouvelle galante, 1681, by De Préchac.

Les Beautés de la Perse, ou Description de ce qu'il y a de plus curieux dans ce royaume, avec une relation des aventures maritimes, 1673, by L.M.P.R.D.G.F. (Louis Marot, pilote réal des galères de France).

Le Bel Anglais, 1695, by Vaperat.

La Bellaure triomphante, 1630, by Du Broquart.

La Belle Hollandoise, 1679 (anon.).

La Belle Marguerite, nouvelle, 1671 (anon.).

La Belle Turque, 1680. See: G. DE BRÉMOND, 1676.

Beralde, prince de Savoye, 1672 (anon.).

Bérenger, comte de la Marck, 1645, by Le Sr Bonnet.

Berenice, 1648, by Segrais, also Le Vayer de Boutigny.

Le Berger extravagant, 1627, by Charles Sorel.

Le Berger gentilhomme, 1685, by Chavigny.

La Bergère amoureuse, ou les véritables amours d'Acanthe et de Daphnine, 1621, by Du Verdier.

La Bergère de la Palestine, 1601, by G. de Bazyre d'Amblainville.

Les Bergeries de Vesper, ou les amours d'Antonin Florelle et autres bergers et bergères, 1618, by Coste.

Bouquet d'histoires agréables, 1630, by Camus.

Le Bouquet de la feintise, 1610, by Bernard Astier.

Le Cabinet d'amour ou l'art de discerner le véritable amour d'avec le faux, 1685 (anon.).

Le Cabinet historique, rempli d'histoires véritables, arrivées tant dedans que dehors le Royaume, avec les moralités, 1668, by Camus.

Calitrope ou le changement de la droite de Dieu, 1628, by Camus.

Les Caprices de l'amour, 1678, by De Beaucourt or Gomez de Vasconcelle.

Cara Mustapha, grand-vizir, histoire, 1684, by Sr de Préchac.

Caritée, ou la Cyprienne amoureuse, 1620, by Le Sr P. C. (Caseneuve).

La Carithée, contenant sous des temps, des provinces et des noms supposez plusieurs rares et véritables histoires de notre temps, 1621, by Gomberville.

Carmante, histoire grecque, 1668, by Mme de Villedieu.

Casilde, ou le bonheur de l'honnesteté, 1628, by Camus.

Casimir, roi de Pologne, 1671, by Rousseau de la Vallette.

Cassandre, 1642–1645, by La Calprenède.

La Cassette de bijoux, 1668, by l'abbé Torche.

La Céfalie, 1637, by Du Bail.

Celanire, 1671 (anon.). See: MLLE DE SCUDÉRY, 1669.

Célie, ou la Princesse Mélicerte, 1669 (anon.). Same as (?): BRIDOU, 1663.

Célie ou Mélicerte, nouvelle véritable, 1663, by Jean Bridou.

Célimaure, nouvelle, 1664 (1665?), by Le Rou.

Célinte, nouvelle première, 1661, by Mlle de Scudéry.

Cent lettres d'amours écrites d'Erandre à Cleanthe, recueillies par du T., 1646, by Du T.

Céphise ou l'amante fidèle, 1699, by d'Aubicourt.

Le Cercle ou conversations galantes, histoire amoureuse du temps, 1673, by Gab. de Brémond (Mme de Villedieu?).

Le Cercueil des amants, où est naïvement dépeint le triomphe cruel de l'amour, 1611, by N.P.B. (Nic. Piloust).

Le Chambre de justice de l'amour, 1668, by Mme de Villedieu.

La Chasse au loup de Monseigneur le Dauphin, ou la rencontre du Comte du Rourre dans les plaines d'Anet, 1695 (anon.).

Le Chasse-Ennui, ou l'honnête entretien des bonnes compagnies, 1600, by Garon.

Les Chastes Destinées de Cloris ou le Roman des histoires de ce temps, 1609, by Du Souhait.

Les Chastes et Heureuses Amours de Clarimont et Antonide, 1601, by Des Escuteaux. Same as: Amours de Clarimont et Antonide, 1601.

Les Chastes et Pudiques Amours du Marquis de Caelidor et de la belle Æmée, 1612, by F. de Menantel.

La Chasteté récompensée ou l'histoire de sept pucelles doctes et sçavantes, 1643, by Le P. Benoist Gonon.

La Chasteté violée ou la cruauté d'une Damoiselle envers son mary, 1604, by Sr de la Place.

Le Chat d'Espagne, 1669, by Jacques Alluis.

Chemin de la fortune, ou les Bonnes Régles de la vie pour acquérir des richesses, 1663, by Sorel (?). See: P.M.C., 1652.

Le Chevalier enchanté, 1618, by N. Piloust. Same as: PILOUST, 1614.

Le Chevalier hipocondriaque, 1632, by Du Verdier.

La Chiaramonte, 1603, by Beaulieu (Mlle de) (D.B.).

Le Chien de Boulogne ou l'amant fidèle, nouvelle galante, 1668, by l'abbé Torche.

Chriserionte de Gaule, histoire memorable trouvée en la Terre Sainte, 1620, by Arthur Biard.

La Chrysolite ou le secret des romans, 1627, by André Mareschal.

Circé, histoire tragique, 1617, by Pierre Boitel.

Le Cléandre d'amour et de Mars, où soubz le nom d'un Prince de Loriane, sont desduictes les adventures amoureuses d'un Prince François, 1620, by De Peberac de Montpezat.

Cléante amoureux de la belle Mélisse, 1626, by De Brethencourt.

Cléarque et Timolas, deux histoires considérables, 1629, by Camus.

Clélie, histoire française, galante et comique, 1673 (anon.).

Clélie, histoire romaine, 1654, by Mlle de Scudéry.

La Cléobuline ou la Veuve inconnue, 1658, by Mme L.B.D.M. (la baronne de Marcé).

Cléolthée ou les chastes adventures d'un Canadien et d'une jeune Natolienne, 1624, by Jacques Gaffarel.

Cléomire, histoire nouvelle, 1678 (anon.).

Cléon ou le parfait confident, 1665 (anon.).

Cléonice ou le roman galant, nouvelle, 1669, by Mme de Villedieu.

Cléopâtre, 1646, by La Calprenède.

Le Cléoreste, histoire françoise espagnolle, 1626, by Camus.

Cléothée ou les chastes adventures d'un Canadien. See: Cléolthée.

Climandor, ou l'histoire des Princes, 1628 (anon.).

Clitie, nouvelle galante, 1680 (anon.).

La Clitie ou le Romant de la cour, 1630, by Puget de la Serre.

Le Cloriaque d'Ilis, 1633, by Claros.

Clorinde, 1654 (anon.).

La Clorymene, 1628, by Marcassus.

Le Combat de l'amour et de la Fierté, 1666, by De Poutrain.

Le Comte d'Amboise, nouvelle galante, 1689, by Mlle Catherine Bernard.

Le Comte de Dunois, 1671, by Mme la Comtesse de Murat. See: VAU-MORIÈRE, 1670.

Le Comte d'Essex, histoire angloise, 1677 (anon.).

Le Comte de Richemond, nouvelle historique, 1680 (anon.).

Le Comte de Soisson, 1677, by Claude. See: MONTFALCON, 1680.

Le Comte de Tekely, 1686, by De Préchac (also Vaginey).

Le Comte d'Ulfeld, grand maître de la cour de Danemarck, nouvelle historique, 1677, by Rousseau de la Vallette.

Le Comte Roger, souverain de la Calabre ultérieure, 1678, by L.L.B. (also anon.).

La Comtesse de Candale, 1672 (anon.).

La Comtesse de Chateaubriant, 1695, by Lesconvel.

La Comtesse d'Isembourg, princesse de Hohenzollern, 1678, by la Comtesse Ant. de Saliez.

La Comtesse de Montferrat, 1646, by G. de Brémond.

La Comtesse de Mortane, nouvelle, 1699, by Mme Durand.

La Comtesse de Salisbury, ou l'ordre de la Jarretière, nouvelle historique, 1682, by Dargences.

La Comtesse de Tende, nouvelle historique, 1677, by Mme de La Fayette.

Conclusion de l'histoire d'Alcidalis et de Zélide, commencée par M. Voiture, 1668, by Desbarres.

La Connaissance du monde, voyages orientaux, nouvelles historiques, 1695, by Chevremeont.

Les Conquestes amoureuses du Grand Alcandre dans les Pays-Bas avec les intrigues de sa cour, 1684, by Sandras de Courtilz.

Conquestes du marquis de Grana dans les Pays-Bas, 1686, by Sandras de Courtilz.

Conseils de Léandre à la belle Amélonde sur la conduite de ses amours, 1670 (anon.). Same as: AUBIGNAC, 1670.

La Constance d'Alisée et de Diane, 1602, by E.C.

La Constance d'amour, représentée au sujet des amours et grandes adventures de Philadin et de Claristie, 1611, by De Favoral.

Les Constantes et infortunées amours de Lintason avec l'infidele Pallinoé, 1601, by le Sr de la Regnerye.

Coronis, 1691, by Chappuzeau.

Le Coupe-Cul de la mélancolie, ou Vénus en belle humeur, 1698, by Béroalde de Verville. See: 1610.

Le Courier d'amour, 1679, by le Sr de Beaucourt.

Le Courier du cabinet d'amour, 1694 (anon.).

Le Courtisan prédestiné ou le duc de Joyeuse Capucin, 1661, by Jacques de Callières.

La Courtisane solitaire, 1622, by Lourdelot (Camus?).

Les Courtisans généreux, 1637, by Du Bail.

Le Couvent aboli, nouvelle galante et veritable, vers 1614 (anon.).

Le Couvent aboly des freres pacifiques, nouvelle galante et veritable, 1685 (anon.). Same as: 1614 (anon.).

Cupidon dans le bain, ou les aventures amoureuses des personnes de qualité, 1698, by Mme D.

La Curiosité dangereuse, nouvelle galante, historique et morale, 1698, by Roberday.

La Cytherée, 1639, by Gomberville.

Damaris ou l'Implacable Marastre, histoire allemande, 1627, by Camus.

Les Dames dans leur naturel, ou la galanterie sans façon sous le règne du grand Alcandre, 1686, by Sandras de Courtilz.

Les Dames enlevées et les dames retrouvées, 1672 (anon.).

Les Dames retrouvées, histoire comique, 1670 (anon.).

La Damoyselle à Coeur ouvert, 1682 (anon.).

Daphnide ou l'Intégrité victorieuse, histoire arragonnaise, 1625, by Camus.

Daumalinde, reine de Lusatanie, 1682, by Mme de Saint-Martin.

Les Décades historiques, 1632, by Camus.

La Defaicte du faux amour, 1617, by P. de Boitel.

Le Défenseur du vray merite de sa maîtresse et de deux autres galantes, 1698 (anon.).

Le Démelé du coeur et de l'esprit, 1667, by l'abbé de Torche.

Le Democare sanglant, 1623, by Livet.

La Description de Versailles ou Celanire, 1698. See: MLLE DE SCUDÉRY, 1671.

Le Désespoir honorable, 1631, by Camus.

Les Désordres de la bassette, nouvelle galante, 1682 (anon.).

Le Dessert des mal souppés, 1604 (anon.).

Les Destinées des amants tirées des amours de Philotimore, où sont contenues plusieurs notables Histoires de ce tems, 1603, by Philippes Tourniol.

Les Deux Déesses, 1625, by R. Montagathe.

Diane de France, nouvelle historique, 1675, by Vaumorière.

La Diane des Bois, 1632, by Préfontaine.

La Diane déguisée, 1647, by le Sr. de Lansire.

La Diane françoise, 1623, by Du Verdier.

Les Differens Caracteres de l'amour, 1685 (anon.).

Diotrephe, histoire valentine, 1624 (1626?), by Camus.

Les Disgraces de l'amour, ou le Mousquetaire amant, 1687, by Saint-Martin.

Les Disgraces des amants, 1690, by le chevalier de Méré.

Les Divers Effects d'amour advenus à la belle Fulvia, Venetienne, 1603, by I.D.R.

Diverses affections de Minerve, 1625, by D'Audiguier.

Diversités d'amour, vers 1667 (anon.).

Diversités galantes, 1664 (anon.). See: ANON, 1665; DONNEAU DE VISÉ, 1664.

Les Divertissemens de Forges, où les aventures de plusieurs personnes de qualité sont fidèlement décrites, 1663, by F.C.

Divertissement historique, 1632, by Camus.

La Doctrine de Caresme prenant, dedié à tous ceux qui voudront rire depuis le bout des pieds jusqu'à la tête, 1612 (anon.).

Dom Alvare, 1691 (anon.).

Dom Carlos, nouvelle historique, 1672, by Saint-Réal.

Dom Sebastien, Roi de Portugal, nouvelle historique, 1679 (anon.).

Don Amador de Cordouë, 1672 (anon.).

Don Henrique de Castro ou la conquete des Indes, 1684 (anon.).

Don Juan d'Autriche, nouvelle historique, 1672, by le Sr Courtin.

Don Pélage ou l'entrée des Maures en Espagne, 1645, by Juvenel.

Donna Hortense, nouvelle espagnole, 1698 (anon.).

La Dorisandre, 1631, by le Sr Viard.

Dorothée, ou récit de la pitoyable issue d'une volonté violentée, 1621, by Camus.

Le Double Cocu, 1678, by Gabriel de Brémond. Same as: Le Viceroi de Catalogne.

Les Douces Affections de Lydamant et de Callyante, 1607, by d'Audiguier.

Le Duc d'Alençon, 1680 (anon.).

Le Duc de Guise, 1693, by Mme de . . .

Le Duc de Guise et le duc de Nemours, nouvelles galantes, 1684 (anon.).

Le Duc de Guise, surnommé le Balafré, 1694, by De Brie (Brye).

Le Duc de Montmouth, nouvelle historique, 1686 (anon.).

Le Duc d'Orléans, histoire galante, 1676 (anon.). Same as: La Comtesse de Candale, 1672 (anon.).

La Duchesse d'Estramène, 1682, by le Sr Duplaisir.

La Duchesse de Médo, nouvelle historique et galante, 1692, by Quinet.

La Duchesse de Milan, 1682 (anon.).

Le Duel de Tithamante, histoire gascone, 1603, by Jean d'Intras de Bazas.

Les Dupes de l'amour, nouvelles galantes, 1696 (anon.).

L'Ecole des maris jaloux, ou les fureurs de l'amour jaloux, 1698 (anon.).

Edgard, roi d'Angleterre, vers 1690, by Mlle Bernard.

Edward, 1695 (anon.).

Les Egaremens des passions et les chagrins qui les suivent, représentez par plusieurs avantures du tems, 1697 (anon.).

Eleonor d'Yvrée, les malheurs de l'amour, première nouvelle, 1687, by Mlle Bernard (aidée de Fontenelle).

Elise ou l'innocence coulpable, événement tragique de nostre temps, 1621, by Camus.

Elise ou l'innocente victime. See: Elise ou l'innocence coulpable.

L'Empire de l'inconstance où, dans les plus volages amours de Cloridor, sont desduits les effects de la légereté, 1635, by De Ville.

L'Endymion, 1624, by Gombauld.

L'Enfant sans souci divertissant son père Roger Bontems, 1682 (anon.).

L'Enfer d'amour où par trois histoires est monstré à combien de malheurs les amants sont subjectz, 1603, by J. B. Du Pont.

Entretiens galants d'Aristippe et d'Axione, contenant le langage des tétons, 1664 (anon.).

Les Entretiens historiques, 1638, by Camus.

Epigone, histoire du siècle futur, 1659, by Jacques Guttin.

Eraste, nouvelle, où sont descrites plusieurs avantures amoureuses, 1664 (anon.).

Erocaligenesie, ou la naissance d'un bel amour sous les noms de Patrocle et Philomelle, 1602, by L.J.D.M.

L'Esclave religieux et ses avantures, 1690 (anon.).

Les Esclaves ou l'histoire de Perse, 1628, by Du Verdier.

L'Esprit familier de Trianon, ou l'apparition de la duchesse de Fontanges, contenant les secrets de ses amours et de sa mort, 1695 (anon.).

Les Esprits ou le mari fourbé, 1686 (anon.).

Essais d'amour, 1681, by M.L.C.D.V.

Eugène, histoire grenadine offrant un spectacle de pitié et de piété, 1623, by Camus.

Les Evenemens singuliers, 1628, by Camus.

Eve ressuscitée ou la Belle en chemise, 1683 (anon.).

L'Exil de Polexandre et d'Ericlée, 1619, by Orile (Gomberville).

Exil de Polexandre où sont racontées diverses aventures de ce grand prince, 1629, by Le Roy de Gomberville.

Les Exilés de la cour d'Auguste, 1672, by Mme de Villedieu.

Les Facétieux Réveil-matin des esprits mélancoliques, contenant plusieurs belles histoires, 1645 (anon.).

La Fameuse Comédienne, ou Histoire de la Guérin, auparavant femme et veuve de Molière, 1688, by Boudin or Mme Boudin.

Le Fameux Chinois, 1636, by Du Bail.

Le Fameux Voyageur, 1682, by De Préchac.

Fantaisies amoureuses, où sont descrits les amours d'Alério et Mariane, 1601 (anon.).

La Fausse Abesse, ou l'amoureux dupé, 1681 (anon.).

La Fausse Clélie, histoire françoise galante et comique, 1670, by Subligny.

Le Faux Alexandre, 1662, by Scarron.

Les Faveurs et les disgraces de l'amour ou les Amans heureux, trompez et malheureux, 1683 (anon.).

La Femme desmasquée, 1698, by J. J. Quesnot.

La Femme généreuse, 1643, by Mme Jacquette Guillaume.

Les Fidèles et Constantes Amours de Lisdamas et de Cleoninimphe, 1615, by Henri Du Lisdam.

Les Fidèles affections, 1614, by Moulinet.

La Fidelité trahie ou l'art de triompher du destin, histoire Thessalonique, 1645, by Du Broquart.

La Fille d'Astrée, ou la suite des bergeries de Forêts, 1633 (anon.).

La Fille illustre, 1696, by François Brice.

La Fille supposée, 1639, by Du Bail.

Les Filles enlevées, 1643, by De Moreau (Moreaux).

Fin des avantureuses fortunes d'Ypsilis et Alixée, 1623, by Des Escuteaux.

Flaminio et Colman, deux miroirs, l'un de la fidélité, l'autre de l'infidélité des domestiques, 1626, by Camus.

La Flavie (de la Menor), 1606, by d'Audiguier.

Les Fleurs des nouvelles galantes, 1668, by Saint-Maurice.

Fleurs, fleurettes et passetemps ou les diverses caractères de l'amour honnête, 1666, by Saint-Maurice. See: SAINT-MAURICE, 1668.

Floriane, son amour, sa pénitence et sa mort, 1601, by F.F.D.R.

La Floride, 1625, by Du Verdier.

Floridor et Dorise, histoire veritable de ce tems, 1633, by Du Bail.

Florigénie ou l'illustre victorieuse, 1647, by Du Broquart.

Florinie ou l'histoire de la veuve persécutée, 1645, by J.P.B.R.

La Fortune marastre de plusieurs princes . . . de toutes nations, 1684, by Rocoles.

Fortune marâtre des grands, 1683 (anon.).

Les Fortunes d'Alimintes. See: Almintes, 1623.

Les Fortunes de Pamphile et de Nise, 1660 (anon.).

Les Fortunes diverses de Chrysomire et de Kalinde, 1635, by Antoine Humbert.

Les Fourberies de l'amour, ou la Mère rivale de sa fille, 1686, by Mlle de la Force (?). See: La Mère rivale, 1672 (anon.).

Fragments d'une histoire comique, 1623, by Théophile de Viau.

La France galante ou Histoires amoureuses de la cour de Louis XIV, s.d., by Bussy-Rabutin et autres.

Frederic de Sicile, 1680, by Nicolas Pradon or Mlle Bernard.

Frideric, 1677 (anon.). See: Tideric, 1677 (anon.).

La Fuite de Rosalinde, 1643, by Du Verdier.

Le Gage touché, histoire galante et comique, 1698, by Le Noble.

Le Galant Escroc ou le faux comte de Briou, 1676, by Gabriel de Brémont.

Le Galant Nouvelliste, histoires du tems, 1693, by Mme Gomez de Vasconcelle.

La Galante Hermaphrodite, nouvelle amoureuse, 1683, by Chavigny.

Galanteries amoueuses de la cour de Grèce, 1676, by Vaumorière.

Les Galanteries de la cour, 1644, by Du Bail.

Galanteries des rois de France depuis le commencement de la monarchie jusqu'à présent, 1694, by Vanel.

Les Galanteries grenadines, 1673, by Mme de Villedieu.

Les Galantes Dames, ou la confidence réciproque, 1685, by Poisson.

Le Gascon extravagant, histoire comique, 1637, by le Chevalier de Clerville and Du Bail.

La Gazzette françoise, 1605, by Marcellin Allard.

La Genealogie de l'amour, 1609, by Jean de Veyries.

Les Généreuses Amours des courtisans de la cour sous les noms d'Alcimène et d'Amerose, 1637, by Du Bail.

Les Genereuses Amours de Philopiste et Mizophile, 1603, by Vittely.

La Gibecière de Mome ou le Thrésor du ridicule, 1644 (anon.).

Le Grand Alcandre frustré, ou les derniers efforts de l'amour et de la vertu, histoire galante, 1696, by Sandras de Courtilz.

Le Grand Hippomène, 1668 (anon.).

Le Grand Miroir des Réformés, sous l'histoire tragique de Dorimene, 1673 (anon.).

Le Grand Roy amoureux, 1603, by Saint-Hermin.

Le Grand Scanderberg, nouvelle, 1688, by Mlle de la Roche-Guilhem.

Le Grand Scipion, 1656, by Vaumorière.

Le Grand Sophi, nouvelle allégorique, 1685, by De Préchac.

Granicus ou l'Isle galante, nouvelle historique et véritable, 1698, by Brice.

Le Gris de lin, histoire galante, 1680, by De Préchac.

Gustave Vasa, histoire de Suède, 1697 (1698?), by Mlle de la Force.

La Haine et l'amour d'Arnoul et de Clairemonde, 1600, by Du Perier.

La Hardie Messinoise, 16 . . ., by Juvenel.

Hattigé ou les amours du roi de Tamaran (Charles II d'Angleterre), nouvelle, 1676, by Gabriel de Brémond.

Hellenin et son heureux malheur, 1628, by Camus.

L'Héritière de Guyenne ou histoire d'Eléonor, fille de Guillaume, dernier duc de Guyenne, femme de Louis VII, 1691, by Isaac de Larrey.

Hermiante ou les deux hermites contraires, le reclus et l'instable, 1623, by Camus.

Hermiogène, 1648, by Chevreau.

L'Hermite pèlerin et sa pérégrination, périls, dangers et divers accidens, tant par mer que par terre, 1628, by Camus. Same as: Hermiante, 1623.

L'Héroïne incomparable de nostre siècle ou la belle Hollandaise, histoire galante, 1681 (anon.). See: 1679, ANON.

L'Héroïne Mousquetaire, 1677, by De Préchac.

Le Héros ou le grand Montmorency, 1698 (anon.).

L'Heure du berger, demy-roman comique ou roman demy-conique, 1661, by Le Petit.

Heures perdues d'un cavalier français dans lequel les esprits mélancoliques trouveront des remèdes propres pour dissiper cette facheuse humeur, 1662, by R.D.M.

Les Heureuses Aventures de Darilis, 1639 (anon.).

Les Heureuses Infortunes de Céliante et Marilinde, veufves-pucelles, 1636, by l'abbé Ceriziers.

L'Heureux Esclave ou relation des aventures d'Olivier de Nazume, nouvelle, 1674 (anon.).

L'Heureux Naufrage, suite des avantures et lettres galantes, 1699, by Le chevalier de Mailly.

L'Heureux Page, nouvelle galante, 1687 (anon.).

L'Hiacinte, histoire catalane, 1627, by Camus.

Hiacinte, oeuvre curieuse, 1684, by Bombard des Mallées.

L'Histoire afriquaine de Cléomède et de Sophonisbe, 1627, by De Gerzan.

Histoire amoureuse de Cleagenor et de Doristée, 1621, by Charles Sorel.

Histoire amoureuse de la Grece, ou les Amours de Pindare et de Corine, 1676, by Vaumorière. See: VAUMORIÈRE, 1676.

Histoire amoureuse de France, 1665, by Bussy-Rabutin. Same as: Histoire amoureuse des Gaules.

Histoire amoureuse des Gaules, 1665, by Bussy-Rabutin.

Histoire asiatique de Cérinthe de Callianthe et d'Arthénice, 1634, by de Gerzan.

Histoire celtique, 1634, by Hotman.

Histoire comique de Fortunatus, 1615 (anon.).

Histoire comique de Francion, 1623, by Charles Sorel.

Histoire comique des Etats et Empires de la Lune, 1657, by Cyrano de Bergerac.

Histoire comique ou Voyage dans la Lune, 1657, by Cyrano de Bergerac.

Histoire coquette ou l'abrégé des galanteries de quatre soubrettes campagnardes, 1669, by De Mareuil.

Histoire d'Alcidalis et de Zélide, 1658, by Vincent Voiture.

Histoire de Catherine de France, reine d'Angleterre, 1696, by Baudot de Juilly or Guett. de Luines.

Histoire de Celanire, 1669, by Mlle de Scudéry.

Histoire de Celemaure et Telasmene, 1664, by Le Rou. Same as: Histoire de Celemaure et Félismène, 1667.

Histoire de Cleophas et de Sephora; les adventures diverses de leur amitié et leur fin glorieuse, 1601, by M. Roussel (also anon.).

Histoire de Cusihvarea, Princesse de Pérou, 1662, by Norsègue.

Histoire de George Kemiski, 1697, by M.D. See: CHEVREMONT, 1696.

Histoire de Granade ou l'innocence justifiée, 1694, by Mlle . . .

Histoire d'Héloïse et d'Abelard, 1693 (anon.).

L'Histoire d'Herodias, tirée des monumens de l'antiquité, 1600, by Béroalde de Verville.

Histoire d'Hypolite, comte de Douglas, 1690, by La Comtesse d'Aulnoy.

Histoire d'Iris et Daphnis, 1656 (anon.).

Histoire d'Ismenie et d'Agésilan, ensemble le fragment de l'histoire de Bérénice et d'Alcidor, 1667 (anon.).

Histoire de Jean de Bourbon, Prince de Carency, 1691, by Mme la Comtesse d'Aulnoy.

L'Histoire de la Chiaramonte, par une Demoiselle françoise, 1603, by Mlle de Beaulieu.

Histoire de la conjuration des espagnols contre la république de Venise en 1618, roman historique, 1674, by l'abbé de Saint-Réal. Same as: SAINT-REAL, 1672.

Histoire de la cour sous les noms de Cléomédonte et de Hermilinde, 1629, by Humbert de Queyras.

Histoire de la galanterie des Anciens, 1671, by Vaumorière.

Histoire de l'origine de la royauté et du premier etablissement de la grandeur royale, 1684, by Pelisséri.

L'Histoire de la philosophie des Héros, nouveau roman ou philosophie nouvelle, 1681, by Geneviève Forest.

Histoire de la Princesse de Paphlagonie (vers 1656), by Segrais.

Histoire de Mlle de Morsan, 1683 (anon.).

Histoire de Mlle de Tournon, 1696. See: Amours de Mlle de Tournon.

Histoire de Mme de Bagneux, 1675 (anon.).

Histoire de Marguerite de Valois, reine de Navarre, soeur de François Ier, 1696, by Mlle de la Force.

L'Histoire de Moyse, 1699, by L. C. Hugo.

Histoire des amants volages de ce temps où sous des noms empruntés sont contenues les amours de plusieurs princes, 1617, by Rosset.

Histoire des Amazones, 1678, by Chassepol.

Histoire des amoureuses destinées de Lysimont et de Clytie, 1608, by Deimier.

Histoire des amours de Cléanthe et de Belise, 1689, by Mme Ferrand.

Histoire des amours du duc d'Arione et de la comtesse Victoria, 1694 (anon.).

L'Histoire des amours de Gertrude, dame de Chateaubrillant et de Roger, comte de Montfort, 1609 (anon.).

Histoire de amours du Mareschal de Bouflers, 1696, by D.P.E.

Histoire des amours du Mareschal de Luxembourg, 1694 (anon.).

Histoire des amours du prince Zizimi et de Philippine, 1673, by Allard.

Histoire des amours et infortunes d'Abaillard, 1695, by Dubois.

Histoire des amours tragiques de ce temps, 1607, by Laffemas.

Histoire des favorites, contenant ce qui s'est passé de plus remarquable sous plusieurs regnes, 1697, by Mlle de la Roche-Guilhem.

Histoire des intrigues amoureuses du père Peters, 1698 (anon.).

Histoire des nobles prouesses et vaillances de Gallien restauré, fils du noble Olivier le Marquis et de la belle Jaqueline, fille du Roy Hugon, Empereur de Constantinople, 1622 (anon.).

L'Histoire des pensées, meslée de petits jeux, nouvelle galante, 1671 (anon.).

L'Histoire des pensées, ou les Amours de Marc-Antoine, 1676 (anon.). Same as: 1671 (anon.).

Histoire des prospérités d'une femme Catanoise, 1617, by Matthieu.

Histoire des Trois Frères, Princes de Constantinople, 1622, by Logeas.

Histoire du Chevalier Clamadès et la belle Clermonde. See: CAMUS, 1620.

Histoire du comte de Clare, nouvelle galante, 1695, by Mme de Tenain.

Histoire du Comte de Genevois et de Mlle d'Anjou, 1664 (anon.).

L'Histoire du noble et vaillant chevalier Pierre de Provence et de la belle Maguelonne, fille du roi de Naples, 1625 (anon.).

Histoire du Portrait de Mme la Princesse de Conti, 1698 (anon.). See: Triomphe de la Déesse Monas, 1698 (anon.).

Histoire du Prince Charles et de l'Imperatrice Douairiere, 1676 (anon.).

Histoire du ravissement d'Hélène et sujet de la guerre de Troyes, 1615, by J.B.F.

Histoire du révérend père Dominique ottoman de l'ordre des F.F. prêcheurs sous le nom de prince Osman fills du sultan Ibrahim, empereur des Turcs, 1665 (anon.).

Histoire du royaume d'Antagil, 1616 (anon.).

Histoire du temps ou journal galant, 1685, by M.V. (Vanel).

Histoire du temps, ou relation du royaume de coqueterie, 1654, by l'abbé d'Aubignac.

Histoire d'une comtesse d'Allemagne, 1680 (anon.).

Histoire d'un esclave qui a esté quatre années dans les prisons de Sallé en Afrique, 1679, by Gallonge.

Histoire et amours du Prince Charles et de l'Imperatrice Douairiere, 1676 (anon.).

Histoire et les avantures de Kenûski Georgienne, 1696, by l'abbé Chevremont.

Histoire et avantures de Kemiski Géorgienne, 1697, by Le Noble (?). See: CHEVREMONT, 1696.

L'Histoire et le romant de Cloriande, 1680 (anon.).

Histoire galante et enjouée interrompue par des entretiens d'esprit, de civilité, d'amitié, 1673 (anon.). See: AUBIGNAC, 1663.

Histoire indienne d'Anaxandre et d'Orazie, 1629, by Boisrobert.

Histoire ionique des vertueuses et fideles amours de Poliphile Pyrenoise et de Damis Clazomenien, 1602, by S.D.L.G.C.

Histoire Negrepontique, 1631, by de Boissat fils.

Histoire nouvelle des Amours de la jeune Belise et de Cleante, 1689, by Mme Ferrand. Same as: Histoire des amours de Cléante et de Belise.

Histoire secrète de Bourgogne, 1694, by Mlle de la Force.

M

Histoire secrète de don Antoine, roi de Portugal, 1696, by Mme de Sain-
togne.

Histoire secrète de Henry IV, roy de Castille, 1695, by Mlle de la Force.

Histoire secrète de Marie de Bourgogne, 1694, by Mlle de la Force. Same
as: Histoire secrète de Bourgogne.

Histoire secrette des amours de Henry IV, Roi de Castille, surnommé
l'impuissant, 1695 (anon.). Same as: LA FORCE, 1695.

Histoire secrette du Connestable de Bourbon, 1696, by Baudot de Juilly.

Histoire tragi-comique de Lisandre et de Caliste, 1615, by d'Audiguier.

Histoire tragi-comique de notre temps, sous le nom de Splendor et Lucinde.
See: Splendor et Lucinde.

Histoire tragique des amours du brave Florimond et de la belle Clytie, 1607,
by Blaise de Saint-Germain.

Histoire veritable de la duchesse de Chatillon, 1699 (anon.).

L'Histoire véritable ou le voyage des princes fortunez, 1610, by Béroalde
de Verville.

Histoires comiques ou entretiens facétieux de l'invention d'un des plus
beaux esprits de ce temps, 1612, by Du Souhait.

Histoires des Séverambes, peuples qui habitent une partie du troisième
continent, 1677–1679, by Vairasse.

Histoires facétieuses et morales, 1663, by J. N. de Parival.

Histoires morales et divertissantes, 1671, by d'Aranda.

Histoires sublimes et allégoriques, 1699, by Mme le Comtesse de Murat.

Histoires tragiques de notre temps, 1635, by Claude Malingre.

Les Histoires tragiques de notre temps, 1614, by de Rosset.

Histoires tragiques de notre temps arrivées en Hollande, 1662, by J. N. de
Parival.

Histoires véritables et curieuses, où sont représentées les étranges aventures
des personnes illustres, 1644, by R.P.B.G. (Benoît Gonon, celestin).

Homaïs, reine de Tunis, vers 1680 (anon.).

L'Homme à bonne fortune ou l'heureux conte, 1690 (anon.).

L'Honnête homme et le scélerat, 1699, by L.D.D.C.

Honorat et Aurelie, événements curieux, 1628, by Camus.

Hypolite, comte de Douglas, 1690, by Mme d'Aulnoy.

Ibrahim bacha de bude, nouvelle galante, 1686 (anon.).

Ibrahim ou l'illustre Bassa, 1641, by Mlle de Scudéry.

Ildegerte, reine de Norvege, 1693, by Le Noble.

L'Illustre Amalazonthe, 1645, by l'Abbé de Ceriziers.

L'Illustre Génoise, histoire galante, 1685, by De Préchac.

L'Illustre Mousquetaire, nouvelle galante, 1697 (anon.).

L'Illustre Parisienne, histoire galante et véritable, 1679, by De Préchac.

L'Illustre Rosalinde, histoire véritable, 1651 (anon.).

L'Illustre Rosimante, 1642 (anon.).

Les Illustres infortunés, 1693 (anon.).

Les Impostures insignes ou histoires de plusieurs hommes de néant, 1683, by Rocoles.

L'Inceste innocent, histoire véritable, 1638, by Ceriziers.

L'Inconstance de Clétie, 1624, by La Regnerye.

Inès de Cordouë, nouvelle espagnole, 1696, by Mlle Bernard.

L'Infidelité convaincue, ou les aventures amoureuses d'une Dame de qualité, 1676 (anon.).

Les Infortunées et Chastes Amours de Filerphon et la Belle de Mantoue, 1604, by H.C.

Les Infortunées et Chastes Amours de Filiris et Isola. See: Les aventures et les infortunes de Philiris et d'Isolia.

L'Ingratitude punie où l'on voit les aventures d'Orphyse, 1633, by Sorel. See: SOREL, 1626.

L'Innocence reconnuë (Genevieve de Brabant), 1634, by le P. René de Ceriziers.

L'Innocente justifiée, histoire de Grenade, 1694 (anon.).

Intrigues amoureuses de la cour de France, 1684, by Sandras de Courtilz.

Intrigues amoureuses de M . . . (Molière) et de Mme . . . (Mme Guérin) son épouse, 1690 (anon.) attributed to La Fontaine or Blot, baron de Chavigny. See: BOUDIN, 1688.

Intrigues amoureuses de quelques anciens Grecs, 1690 (anon.).

Les Intrigues de la cour ou les Avantures de Molindor et d'Amasie, 1634 (anon.).

Intrigues de Molière et celles de sa femme, 1690 (anon.). See: BOUDIN, 1688.

Les Intrigues découvertes, ou le Caractère de divers esprits, 1686, by De Préchac.

Intrigues galantes de la cour de France, 1694, by Vanel.

L'Iphigène, 1625, by Camus.

Irene, Princesse de Constantinople, histoire turque, 1678 (anon.).

Ismaël, prince de Maroc, vers 1680 (anon.).

Les Jaloux desdains de Chrysis, 1628, by Des Escuteaux.

Le Jaloux par force, 1668, by de Visé. See: 1663.

Le Jaloux trompé, 1621 (anon.).

Jérusalem regnante, 1600, by Jacques Corbin.

Le Jeune Alcidiane, 1651, by Gomberville.

Les Jeux de l'inconnu, 1630, by Adrien de Montluc.

Journal amoureux, 1669, by Mme de Villedieu.

Journal amoureux d'Espagne, 1675, by Mme de la Roche-Guilhem.

Journal amoureux de la cour de Vienne, 1689 (anon.).

Judith ou la délivrance de Bethunie, 1660 (anon.), (by Mlle L'Héritier de Villandon?).

Le Judgement d'Archidiane, 1642, by Du Broquart. Same as: Les Amours d'Archidiane, 1642.

Julie, nouvelle galante et amoureuse, 1671 (anon.).

Junie ou les sentiments romains, 1695, by De P . . .

Karismène agitée, 1635, by D.C.A.

Ladice ou les victoires du Grand Tamerlan, 1649, by C.

Laodice, 1660, by Pelisséri.

Les Larmes de Floride essuyées par Minerve, 1627, by de Mousé.

Les Leçons exemplaires, 1632, by Camus.

Les Légitimes Amours et fortunes guerrieres de Doris, 1600, by F.F.D.R. (François Fouet de Rouen).

Le Lict d'honneur de Chariclée, 1603, by d'Intras de Bazas.

Lindamire, histoire indienne tirée de l'espagnol, 1638, by Baudouin.

Le Lion d'Angélie, histoire amoureuse et tragique, 1676, by Blessebois.

Lisandre, nouvelle, 1663, by Mme de Villedieu.

Le Louis d'or politique et galant, 1661, by Le Pays.

Lupanie, histoire amoureuse de ce temps, 1668 (anon.). Same as: ANON., 1680.

Lydéric, premier Forestier de Flandre, ou philosophie morale de la victoire de nos passions, 1633, by Le R. P. Jean Dauxiron.

Lysigeraste, ou les desdains de Lyside, 1628, by Turpin.

Macarise, ou la Reine des Isles Fortunées, histoire allégorique, 1663, by l'abbé d'Aubignac.

Madame la Comtesse de Tende, nouvelle historique, 1677, by Mme de la Fayette.

Mademoiselle d'Alençon, 1670, by Vaumorière.

Mademoiselle de Benonville, nouvelle galante, 1686 (anon.). See: Les Esprits ou le mari fourbé, 1686 (anon.).

Mademoiselle de Jarnac, 1685, by Boisguilbert.

Mademoiselle de Tournon, nouvelle historique, 1678, attributed to Ch. Cotolendi, to P. Dortigue de Vaumorière, to Mme de Villedieu, and to M. de la Chétardie. See: COTOLENDI. . .

La Maison des jeux, contenant les divertissements d'une compagnie par des narrations agréables, 1643, by Charles Sorel.

Le Maître d'hôtel aux halles, 1670, by Préfontaine.

Les Malades en belle humeur ou lettres divertissantes écrites de Chaudry, 1697, by l'abbé Bordelon.

Les Malheureuses Amours de Philandre et de Chrisilde, 1627, by Des Escuteaux.

Mariamne, ou l'innocente victime, 1629, by Camus.

Marie d'Anjou, reine de Maörque, nouvelle historique et galante, 1681, by La Chapelle.

Marie Stuart, reyne d'Ecosse, nouvelle historique, 1675, by Boisguilbert.

La Marmite rétablie par le miracle du père Marc-Aviano, 1684 (anon.).

Marmoisan ou l'innocente tromperie, nouvelle héroïque et satirique, 1695, by Mlle L'Héritier de Villandon.

Le Marquis de . . ., nouvelle galante, 1698 (anon.).

Le Marquis de Chavigny, 1670, by Edme Boursault.

Le Martyre d'amour, où par la funeste fin de Cariphile et de son amante est tesmoigné le miserable evenement d'un amour clandestin, 1603, by Corbin.

Le Martyr de la fidelité, 1604, by d'Intras de Bazas.

Le Mary jaloux, nouvelle, 1688, by Mme Gomez de Vasconcelle.

Mathilde d'Aguilar, histoire espagnole, 1667, by Mlle de Scudéry.

La Médaille curieuse, où sont gravés les deux principaux écueils de tous les jeunes coeurs, 1672 (anon.).

Le Mélante, amoureuses aventures du temps, 1624, by L. Videl.

Mélyanthe et Cléonice, histoire tragé-comique, 1620, by Jacquin.

La Mémoire de Darie, 1620, by Camus.

Mémoires curieux et galans d'un voyage nouveau d'Italie, 1699 (anon.).

Les Mémoires de G. Comte de Chavagnac, 1699, by Sandras de Courtilz.

Mémoires de la Connestable de Colonne, 1678 (anon.). See: 1676 (anon.).

Mémoires de la cour d'Angleterre, 1695, by Mme d'Aulnoy.

Mémoires de la Cour d'Espagne, 1690, by Madame d'Aulnoy.

Mémoires de la vie de Henriette Sylvie de Molière, 1674, by Mme de Villedieu.

Mémoires de la vie de Mlle Delfosses ou le Chevalier Baltazard, 1695, by Le Noble.

Les Mémoires de Louis de Pontis, 1676, rédigés par du Fossé.

Les Mémoires de Mme de Ravezan, 1677 (anon.).

Mémoires de Messire J. B. de la Fontaine, 1698, by Courtilz de Sandras (Sandras de Courtilz).

Mémoires de Mr. L(e) C(omte) D(e) R(ochfort), 1687, by Sandras de Courtilz.

Mémoires des avantures singulières de la cour de France, 1692, by Mme d'Aulnoy.

Mémoires et avantures de la cour de France, 1692 (Aulnoy?).

Mémoires faits par lui-même, 1677, by Prodez de Beragrem.

Mémoires galans, ou les aventures amoureuses d'une personne de qualité, 1680, by De Brémond.

Mémoires secrets de Mr. L.D.D., ou les avantures comiques de plusieurs grands Princes de la cour de France, 1696, by Mme d'Aulnoy.

Mémoriaux historiques, 1643, by Camus.

La Mère rivale, histoire du temps, 1672 (anon.).

Mérovée, fils de France, nouvelle historique, 1678, by M.N.F.M.

La Messagere d'amour, 1618 (anon.).

Les Mille Imaginations de Cypille, ensuite des advantures amoureuses de Polidore, 1609, by le Sr de Mante.

Le Miroir de plus belles courtisanes de ce temps, 1635, by Crispin de Pas.

Le Miroir des dames, 1605, by J. B. Dupont.

Le Miroir ou la Métamorphose d'Orante, 1661 (anon.).

Le Miroir qui represente la fidelité sous les amours du Prince Polidon et de la belle Carité, 1603, by Favre.

Monsieur de Kervaut, nouvelle comi-galante, 1678 (anon.).

La Mort de l'amour, 1616, by Gauthier.

Les Morts ressuscités, nouvelles galantes et veritables, 1699 (anon.).

Le Moyen de Parvenir, vers 1610, Béroalde de Verville.

Mylord Courtenay, ou histoire secrete des premières amours d'Elizabeth d'Angleterre, 1697, by Le Noble.

Mylord ou le paysan de qualité, vers 1680 (anon.).

La Naissance d'un bel amour sous les noms de Patrocle et Philomelle, histoire véritable et advenue, 1602, by L.J.D.M.

Ne pas croire ce qu'on void, histoire espagnole, 1670, by Edme Boursault.

Nicandre, première nouvelle de l'Inconnu, 1672 (anon.).

La Noble Venitienne, ou la bassette, histoire galante, 1676, by De Préchac.

Le Nouveau Miroir des voiages marins, 1600, by J. Chartier.

Le Nouveau Panurge, avec sa navigation en l'isle imaginaire, 1615, by Reboul.

Les Nouveaux Desordres de l'amour, 1686 (anon.). See: Les Esprits ou le mari fourbé, 1686 (anon.).

Les Nouveaux Stratagèmes d'amour, 1681, by A.D.L.D.R. (or A.D.L.R.).

La Nouvelle Amaranthe, 1633, by La Haye.

Nouvelle histoire du temps ou la Relation véritable du royaume de la Coqueterie, 1655, by l'abbé d'Aubignac. See: 1654.

Nouvelle ou historiette amoureuse, 1670, by M.T.

Nouvelles amoureuses et galantes, 1678, by D.C. (De Callières?).

Nouvelles Amours de Louis le Grand, 1696 (anon.).

Les Nouvelles choisies où se trouvent divers incidents d'amour et de fortune, 1645, by Sorel. See: SOREL, 1623.

Nouvelles d'Elizabeth, reyne d'Angleterre, 1674, by Mme d'Aulnoy (?).

Nouvelles de l'Amérique ou le Mercure américain, 1678 (anon.).

Nouvelles de la cour, 1645, by De Ville.

Nouvelles de la Reine d'Angleterre, 1682 (anon.).

Nouvelles espagnoles, 1692, by Mme D . . . (Mme d'Aulnoy).

Nouvelles françaises ou les divertissements de la princesse Aurélie, 1656, by Segrais.

Nouvelles françoises, 1623, by Charles Sorel.

Nouvelles galantes, comiques et tragiques, 1669, by Donneau de Visé.

Nouvelles galantes et avantures de ce temps, 1697. See: PRÉCHAC, 1680.

Nouvelles galantes du temps et à la mode, 1680, by De Préchac.

Nouvelles historiques, 1692, by Ch. R. Dufresny or Mlle de la Roche-Guilhem.

Nouvelles nouvelles, 1663, by Donneau de Visé.

Nouvelles ou historiette amoureuse, 1680 (anon.).

Les Nouvelles ou les divertissements de la princesse Alcidianne, 1661, by Mme de la Calprenède (Attributed also to G. de la Calprenède).

Nouvelles tirées de plusieurs auteurs tant français qu'espagnol, 1697 (anon.).

Les Nouvelles tragicomiques, 1655, by Scarron.

La Nymphe solitaire, 1624, by Du Verdier.

Observations historiques, 1631, by Camus.

L'Occasion perdue retrouvée, 1669 (anon.).

Occurrences remarquables, 1628, by Camus.

Octaire ou l'epouse infidelle, 1683, by Chavigny.

L'Odyssée ou Diversité d'aventures, rencontres et voyages en Europe, Asie et Afrique, 1665, by Du Chastelet des Bois.

L'Oiseau de Trianon, 1698, by Mlle de Champclos.

L'Olympe d'amour, histoire non feinte, 1609, by H. Du Lisdam.

L'Olympe ou la Princesse inconnuë, 1634, by Du Bail.

Olynthie, 1655, by Priezac.

Orasie, 1645, by Mezeray and Mlle de Senecterre.

L'Orphelin infortuné, ou le portrait du bon frère, histoire comique et véritable, 1660, by Le Sr D.P.F. (Préfontaine). Same as: Les Avantures tragi-comiques du Chevalier de la Gaillardise, 1662.

Orphise ou l'ingratitude punie, histoire cyprienne, 1633 (anon.).

L'Orphize de Chrysante, 1626, by Charles Sorel.

L'Ostracisme d'amour ou le Banissement de l'amant fidelle, 1602, by F.D.C.

Le Page disgracié, 1642, by Tristan l'Hermite.

Le Palais d'Angélie, 1622, by Sorel.

Le Palais des curieux de l'amour et de la fortune, 1666, by Vulson.

Palombe, ou la femme honorable, histoire catalane, 1625, by Camus.

Le Paradis d'amour, ou la chaste matinée du fidell' amant, 1610, by P.D.L.

Le Parlement d'amour, 1669 (anon.).

La Parthénice de la cour, 1624, by Du Verdier.

Parthénice, ou Peinture d'une invincible chasteté, histoire napolitaine, 1621, by Camus.

Le Passe-tems de Thirsis, et l'occupation de Philiste, 1624, by La Haye.

Le Pays d'amour, nouvelle allégorique, 1665, by Louis Moréri or Moréry.

Le Pelerin, nouvelle, vers, 1670, by Le Sr S.B.R.E. (Brémond).

Le Pelerin d'amour, 1609, by O.D.L.T.G.G.

Le Pèlerin étranger ou les amours d'Aminthe et de Philinde, 1634, by le Sr Brethencourt.

Le Pèlerinage de deux soeurs, Colombelle et Volontairette vers Jerusalem, 1638, by Bolswert.

Les Pensées du solitaire, 1629, by Montluc (Vaux).

Le Pentagone historique, montrant en cinq façades autant d'accidens signalez, 1631, by Camus.

La Perfidie d'amour ou les amours de Philocaste, 1615, by Piloust.

Petronille, accident pitoyable de nos jours, 1626, by Camus.

Pharamond ou Histoire de France, 1661, by La Calprenède.

Philadelphe, nouvelle égyptienne, 1687, by Girault de Sainville.

Le Philaxandre, 1625, by Sr. de la Charnays.

Philicrate, nouvelle, 1669 (anon.).

La Philomene, 1630, by Merille.

Le Philosophe amoureux, histoire galante, 1696 (anon.).

Pièces galantes, 1676, by Mascré.

La Pieuse Jullie, histoire parisienne, 1625, by Camus.

La Pistole parlante ou la Métamorphose du Louis d'or, 1660, by Isarn.

Plaisantes journées du Sr Favoral, où sont plusieurs rencontres subtiles pour rire en toutes compagnies, 1623, by Sr de Favoral.

La Plume dorée de Chrysantor et de la belle Angéline, où en suite de leurs amours on se peut instruire à coucher toutes sortes de lettres amoureuses, 1618, by J. Condential or Condental.

Le Poëte extravagant, avec l'assemblée des filous et des filles de joye, et le Praticien amoureux, nouvelles plaisantes, 1670, by O.S.D.P. (Oudin, Sr de Préfontaine).

Le Polémire ou l'illustre Polonais, 1646, by Deschaussée.

La Polixène, 1623, by Molière d'Essertines.

Polyandre, histoire comique, 1648, by Charles Sorel.

La Polyxène du Sr de Molière, avec la suite et conclusion par Pomeray, 1632, by Pomeray.

Le Portefeuille (1675 ?), by Mme de Villedieu.

Le Portrait de la vraye amante, 1604 (?), by d'Intras de Bazas.

Portrait des foiblesses humaines, 1695, by Mme de Villedieu.

Le Portrait funeste, 1661, by Ancelin.

La Prazimène, 1637, by Le Maire.

La Prazinière. – – Suitte de la Prazinière, 1638–1643, by Le Maire.

La Pretieuse ou le Mystère des ruelles, 1656, by l'abbé de Pure.

Le Prince amoureux, 1635, by M. de Beauregard.

Le Prince de Condé, roman historique, 1675, by Boursault.

Le Prince de Longueville et Anne de Bretagne, nouvelles historiques, 1697, by Lesconvel.

Le Prince de Sicile, nouvelle historique, 1680, by Mlle de Bernard. See: PRADON, 1680.

Le Prince ennemi du Tyran, 1644, by Du Bail.

Le Prince esclave, nouvelle historique, 1688, by De Préchac.

Le Prince Hermiogène, 1648, by Chevreau. Same as: Hermiogène, 1648.

Les Princes rivaux, histoire secrète, 1698 (anon.).

La Princesse Agathonice ou les différens caractères de l'amour, 1693 (anon.).

La Princesse amoureuse, sous le nom de Palmélie, 1628, by Du Bail.

La Princesse d'Angleterre ou la duchesse reine, 1677, by Préchac.

La Princesse de Clèves, 1678, by Mme de La Fayette.

La Princesse de Fez, 1681, by De Préchac.

La Princesse de Montferrat et les amours du Comte de Saluces, 1677, by G. de Brémond.

La Princesse de Montpensier, 1662, by Mme de La Fayette.

La Princesse de Phaltzbourg, nouvelle historique et galante, 1688, (anon.).

La Princesse héroïque ou la vie de la comtesse Mathilde, marquise de Mantoue et de Ferrare, 1645 (anon.).

La Princesse inconnue, vers 1650 (anon.).

Le Printemps des lettres amoureuses, 1608, by Deimier.

La Prison sans chagrin, histoire comique du temps, 1669 (anon.).

Prologues tant sérieux que facétieux, 1610, by D.L.

La Promenade de Versailles, 1669, by Mlle de Scudéry.

Les Propriétés d'amour et les propriétés des amans, 1601, by Du Souhait.

Les Pudiques Amours de Calistine, 1605 (anon.).

Le Puits de la vérité, histoire gauloise, 1698, by Charles Dufresny (pseudonym De Frontignères).

La Querelle des dieux sur la grossesse (la naissance) de Mme la Dauphine, 1682, by De Préchac.

Le Ravissement de Clarinde, 1618, by Des Escuteaux.

Le Ravissement de l'Hélène d'Amsterdam, contenant les accidents étranges arrivés à une demoiselle d'Amsterdam, 1683 (anon.).

Raymond, comte de Barcelone, nouvelle galante, 1698 (anon.).

Récits historiques ou histoires divertissantes, entremêlées de plusieurs agréables rencontres et belles reparties, 1643, by Camus.

Recueil (nouveau) de divertissements comiques, 1670, by Préfontaine.

Recueil historique de diverses aventures arrivez [sic] aux princes, seigneurs, et grands de la cour, aux courtisans, aux sçavans, etc., 1652, by P.M.C. (Charles Sorel).

Régule, histoire belgique, 1627, by Camus.

La Reine d'Ethiopie, historiette comique, 1669 (anon.).

Relation de ce qui s'est passé dans la nouvelle découverte du Royaume de Frisquemore, 1662, by Sorel.

La Relation de l'isle imaginaire, 1658, by Segrais.

Relation du voyage d'Espagne, 1691, by Mme d'Aulnoy.

Relation historique et galante de l'invasion de l'Espagne par les Maures, 1699, by Baudot de Juilly (attributed also to Gabriel de Brémond).

Relations morales, 1631, by Camus.

La Religieuse Cavalier, 1693, by De Chavigny.

La Religieuse perséctuée, nouvelle d'Artois, 1699 (anon.).

Les Religieuses Amours de Florigene et Meleagre, 1601, by De Nervèze.

Les Rencontres funestes, ou Fortunes infortunées de nostre temps, 1644, by Camus.

La Ressuscitée fugitive, 1688 (anon.).

Le Retour de la campagne, 1696, by Brice.

Le Rival encore après la mort, 1658 (anon.).

La Rivale, nouvelle historique, vers 1680 (anon.).

La Rivale travestie, ou les aventures galantes arrivées au camp de Compiègne, 1699, by Nodot.

Rodogune, histoire asiatique et romaine, 1667, by Sr d'Aigue d'Iffremont.

Le Roman bourgeois, ouvrage comique, 1666, by Furetière.

Le Roman comique de Scarron avec la suite par De Préchac, 1677.

Le Roman d'Anacrinie, où sont représentés plusieurs combats, histoires veritables et amoureuses, 1613 (anon.). (Du Souhait).

Le Roman de la cour de Bruxelles, 1628, by Puget de la Serre.

Roman de l'incogneu, histoire neapolitaine, ensemble quelques discours pour et contre les romans, 1634 (anon.).

Le Roman de Mélusine, 1637, by M.L.M.D.M.

Roman des dames, 1629, by Du Verdier.

Le Roman des lettres, 1667, by M.L.D.S.A.D.M. (l'abbé d'Aubignac).

Le Roman royal, ou l'histoire de notre temps, 1621, by Piloust.

Le Roman satyrique, 1624, by Lannel.

Le Romant comique, 1651, by Scarron.

Le Romant de Gloriande, ou suite du Roman d'Anacrine, 1613, by Du Souhait.

Le Romant des Indes, 1625, by Lannel (attributed also to Guillaume Colletet). Same as: LANNEL, 1624.

Le Romant des romans, où on verra la suitte et la conclusion de Don Belianis de Grèce, 1626–1629, by Du Verdier.

Le Romant héroïque, où sont contenus les mémorables faits d'armes de Dom Rosidor, Prince de Constantinople, et de Clarisel le Fortuné, 1631, by De Logeas.

Rome amoureuse ou la doctrine des dames et des courtisanes romaines, 1690 (anon.).

Rome galante ou histoire secrète sous les regnes de Jules Cesar et d'Auguste, 1695, by L.C.D.M. (Le chevalier de Mailly).

Rosalinde (Fuite de), 1643, by Du Verdier.

Rosane, histoire tirée de celle des Romains et des Perses, 1639, by Desmarets de Saint-Sorlin.

Rozemire ou l'Europe délivrée, 1657, by Sr D.V.

Le Rut ou la Pudeur éteinte, 1649, by Blessebois.

Sacrifices amoureux, 1623, by Du Verdier. Same as: Temple des sacrifices, 1620.

Les Sainctes Inconstances de Leopolde et de Lindarache, 1619, by Du Lisdam.

Le Saint Desespoir d'Oleastre, 1624, by Camus.

Saint-Germain, ou les amours de M.D.M.T.P. Same as: Alosie, 1680 (anon.).

Le Salmigondis, ou le manège du genre humain, 1698, by Béroalde de Verville. Same as: Le Moyen de parvenir, 1610.

Sapho, ou l'heureuse inconstance, 1695, by Mme de . . .

Sapor, Roy de Perse, 1668, by Du Perret.

Scanderberg, 1644, by Chevreau.

Le Secret, nouvelles historiques, 1683, by De Préchac.

Le Secrétaire turc, contenant l'art d'exprimer des pensées sans se voir, 1688, by Du Vignan.

Les Secrets de l'amour, 1690 (anon.).

Le Sélisandre, 1638, by Du Bail.

La Semaine amoureuse, 1620, by Molière d'Essertines.

Le Seminaire d'Hermiogène, 1635, by Angoumis.

Le Sentier d'amour, ou l'histoire amoureuse et tragique de Pollidame et Deiphile, 1622, by Du Bail.

Seraskier bacha, nouvelle du temps, 1685, by De Préchac.

La Sibile de Perse, 1632, by Du Verdier.

Le Siecle d'or de Cupidon ou les heureuses aventures d'amour, vers 1660 (anon.).

Silène insensé, ou l'estrange métamorphose des Amans fideles, 1613, by Decoignée le jeune.

Le Sire d'Aubigny, nouvelle historique, 1698, by P. Lesconvel.

Les Soeurs rivales, histoire galante, 1698 (anon.).

Les Soirées des auberges, 1665 (anon.). See: DONNEAU DE VISÉ, 1664.

Le Solitaire de Terrasson, nouvelle, 1667, by La Marquise de Merville.

La Solitude amoureuse, 1631, by Beaulieu (Le Sieur de).

Sophie ou la veuve vénitienne, vers 1680 (anon.).

Spectacles d'horreur, 1630, by Camus.

Spiridion, 1623, by Camus.

Splendor et Lucinde, histoire tragique de notre tems, 1624, by La Coste.

Succès différents, 1630, by Camus.

La Suite des alarmes d'amour representée sur le théâtre de Mars, 1607 (anon.) (Estival).

Sylvanire, histoire comique, vers 1680 (anon.).

Syroës et Mirame, histoire persane, 1692, by l'abbé Fr. Raguenet. Same as: Zamir, 1687 (anon.).

Le Tableau des déserts enchantés, 1614, by N. Piloust.

Tachmas, prince de Perse, nouvelle historique, 1676, by H.F.M.

Tapisseries historiques, 1644, by Camus.

Tarsis et Zelie, 1659, by Le Vayer de Boutigny.

Le Taureau banal de Paris, 1689 (anon.).

Le Temple des sacrifices ou l'amour, 1620, by Du Verdier.

La Terre australe connuë, 1676, by G. de Foigny (pseudonym Jacques Sadeur).

Théâtre d'histoire ou les grandes prouesses et aventures étranges du noble et vertueux chevalier Polimantes, 1610, by Belleville.

Le Théâtre des braves, où sont représentées les adventures guerrieres et amoureuses de Polimedor, 1613, by De l'Espinay.

Themir ou Tamerlan, empereurs des Tartares, 1675, by Mlle de la Roche-Guilhem.

La Theologie du coeur, contenant le berger illuminé, roman mystique, 1696, by Poiret.

Thrésor de récréations, contenant histoires facétieuses et honnestes, 1611 (anon.).

Tideric, prince de Galles, 1677 (anon.)

Timandre, 1628, by Marcassus.

Le Tolédan, ou histoire de Don Juan d'Autriche, 1647 (anon.) (Segrais).

Le Tombeau de la melancolie, ou le vrai moyen de vivre joyeux, 1634, by D.V.G.

Le Tombeau des amours de L.L.G. (Louis le Grand) et ses dernières galanteries, 1695 (anon.).

Tour des Miroirs, ouvrage historique, 1631, by Camus.

Les Tragiques et Infortunez Amours d'Amphion et de Philomelie, 1604 (anon.).

Les Travaux d'Aristée, 1619 (anon.) (De Cury.)

Les Travaux du prince inconnu, 1634, by De Logeas.

Les Traverses et hasards de Clidion et d'Amidie, 1612, by Des Escuteaux.

Le Triomphe de l'amitié, histoire galante, 1679, by De Préchac.

Le Triomphe de l'amour et de Mars, 1633, by le Sieur R.

Le Triomphe de la basoche, ou les amours de M. Sébastien Grapignan, 1698, (anon.).

Le Triomphe de la Constance, où sont descriptes les Amours de Cloridon et de Melliflore, 1606, by A. de Nervèze.

Le Triomphe de la déesse Monas, ou l'histoire du portrait de Mme la Princesse de Conti, 1698 (anon.).

Les Triomphes d'Angelique, et le temple d'amour et de beauté, 1615 (anon.).

Les Triomphes de l'amour de Dieu en la conversion d'Hermiogène, 1625, by Angoumis.

Les Triomphes de la guerre et de l'amour, histoire admirable des sièges de Cazalie et de Lymphirée, 1631, by Humbert.

Le Trionfe de l'amour sur le destin, 1677, by S. Brémond.

Les Trophées de l'amour, 1604, by Corbin.

L'Uranie de Lucidor, 1615, by F. Chadirac.

L'Uranie, où se voyent plusieurs aventures amoureuses et guerrieres, 1625, by Sr de Montagathe.

Valentin et Orson, histoire de deux nobles et vaillans Chevaliers, 1690 (anon.).

Variétez historiques, 1631, by Camus.

Venus dans le cloître, ou la Religieuse en chemise, entretiens curieux, 1683, by l'abbé Duprat (l'abbé Barrin). See: BARRIN; see also: CHAVIGNY DE LA BRETONNIÈRE.

Le Verger historique, 1644, by Camus.

Les Véritables Amours de M. de Grandlieu et de Mlle de Beauval, 1604, by Martin.

Les Véritables et Heureuses Amours de Clidamant et Marilinde, 1603, by Des Escuteaux.

Le Vice-Roy de Catalogne, 1679, by Brémond. See: BRÉMOND, 1678.

La Victoire de l'amour divin sur les amours de Polydore et de Virgine, 1608, by De Nervèze.

La Vie de Claire Isabelle, archiduchesse d'Inspruck, avec l'histoire du religieux marié, vers 1689 (anon.).

La Vie de l'amiral de Coligny, 1681, by Sandras de Courtilz.

La Vie de Madame de Ravedan, 1678 (anon.). See: ANON., 1677.

La Vie du Sultan Gemes, frère unique de Bajazet II du nom, Empereur des turcs, 1683, by Rocoles.

La Vie du vicomte de Turenne, 1685, by Sandras de Courtilz.

La Vie et amours de Comte Louis, Electeur Palatine, 1691 (anon.).

La Vie et les aventures de la Jeune Olinde, 1695 (anon.)

La Vie, les amours et les combats de Polynice, 1617, by le Sr de la Fage.

Le Violon marquis ou le marquis violon, 1658, by Le Pays.

Les Visions admirables du Pelerin du Parnasse, ou divertissement des bonnes compagnies et des esprits curieux, 1635 (anon.). (Also: SOREL.)

La Vivante Filonie, 1605, by M. Faure.

Le Voyage de campagne, 1699, by Mme de Murat or Mme Durand.

Voyage de Falaise, 1697, by Le Noble.

Le Voyage de Fontaine-bleau, 1678, by De Préchac.

Le Voyage de la reine d'Espagne, 1680, by De Préchac.

Voyage de l'isle de la Vertu, 1684 (anon.).

Le Voyage du chevalier errant, vers 1680, by Barthémy.

Le Voyage du vallon tranquille, nouvelle historique, 1673, by Charpentier.

Le Voyage raccourci de trois bourgeoises de Paris, vers 1626 (anon.).

Voyages imaginaires, s.l.n.d., by Le Noble.

Le Voyageur inconnu, histoire curieuse et apologétique pour les religieux 1630, by Camus.

La Vraie Suite des aventures de la Polyxène du feu sieur de Molière, 1634, by Sorel.

Xylanvie, 1662 (anon.).

Yolande de Sicile, 1678, by De Préchac.

Zamire, histoire persane, 1687 (anon.).

Zayde, 1670, by Mme de La Fayette.

La Zélatychie, ou les Amours infortunées de Cléandre et Lyranie, 1627, by J. Juvernay.

Zélotyde, 1664, by Le Pays.

Zingis, histoire tartare, 1691, by Mme de la Roche-Guilhem.

Zizimi, Prince ottoman, amoureux de Philippine-Hélène de Sassenage, histoire dauphinoise, 1673, by le Président Guy Allard.

Le Zombi du Grand Pérou ou la Comtesse de Cocagne, 1697, by C. Blesse-bois.

Zulima, ou l'amour pur, seconde nouvelle historique, 1694, by Le Noble.

N

APPENDIX

APPENDIX

L'Admirable Histoire du Chevalier du Soleil, 1620, by Rosset. Translation from Ortuñez de Calahora, begun in 1616. Drouet takes over at Part II, chap. 43. (Magendie, 171.)

Les Adventures Extravagantes du Courtisan Grotesque, 15 p., 1627 (anon.). Bizarre composition.

Agathe à Lucie, 1622, by Camus, Edifying discourses. (Sage.)

Alinda, Histoire Tragique, 1623, by Mlle de Gournay. A new edition of her *Pourmenoir* (1594) (Lancaster). A copy, preface: story unchanged from earlier edition.

L'Amant Raisonnable, 1671, by Bonnecourse. Prose and verse. Not novel.

L'Amour Amant, 77 p., (anon.). A copy, 1664, 2nd edition. Allegory of love and Aspasie.

L'Amour Échappé en Cinquante Histoires, 1669, by M.D. A 8° BL 20106$^{1-3}$, 2nd edition. Portraits, with descriptions, and 24 p. of identification for 3 vol. Waldberg assigns to de Visé.

L'Amour en Campagne, ou les Coeurs Bombardés, 188 p., 1696 (anon.). A 8° BL 20064. Allegory on besieging a lady. Same as (?): Anon., *Les Amours en Campagne*, 1684, listed by Delcro, not found.

Les Amours d'Anne D'Autriche . . ., 1692 (anon.). Rolfe says translation of: *The French King Proved a Bastard*, 1691.

Les Amours d'Armide, 1596, by Joulet. (Reynier.)

Les Amours de Catulle, 1680, by La Chapelle. Translation of poetry, with historical conjectures.

Amours de Criniton et de Lydie, 591 p., 1595, by Montreuil. (A copy.)

Les Amours de Palémon, Suitte de Poliphile, 1599, by Du Souhait. (Reynier.)

Les Amours de Polyphile et de Mellonimphe, 95 ff., 1599, by Du Souhait. (Reynier.)

Les Amours de Théagene et de Philoxenes, by Ennetières. 8° BL 9088 (1600). Verse.

Les Amours de Tibulle, 1680, by La Chapelle. Not novel.

Les Amours Spirituels de Psyché, 108 ff., 1600, by Joulet. Profane and religious discourses.

Les Amours Tragiques d'Hypolite et Isabelle, 168 p., 1593, by Meslier. (Reynier.)

Amusemens sérieux et Critiques, 1699. Williams gives Dufresny, but BN copy has Rivière. Short essays.

Annales Galantes, 1670, by Villedieu. Stories taken from English and Spanish. Includes: *Les Fraticelles*, (1614 and 1685). Not same as: *Annales Galantes de Grèce*, 1687.

L'Arcadie Françoise, 686 p., by A.R. A paraphrase of Montreuil's *Bergeries de Juliette*, 1575. (Magendie, 74.)

L'Archerot Amoureux, 247 p., 1625 (anon.). 59 arrows at love.

Arlequin, comédien aux Champs-Elisées . . ., 1691 by Bordelon. A comedy. Probably same as: Bordelon, *Molière Comédien*, 1694.

L'Avare Puni, 1660, by L'Héritier de Villandon. Verse. Storer says probably not this date.

Les Aventures Tragiques et Amoureuses de Crysander et de Clarinthe, 1642, by Du Rosier. Magendie (25) claims this is the text of Longus' *Daphnis et Chloé*.

Le Banquet d'Assuere, 1638, by Camus. Edifying discourses. (Sage.)

Le Billet Perdu ou L'Intrigue Déconcertée, 206 p., 1711. (A copy), (anon.). Definitely 18th century.

La Boîte et le Miroir, 1671, by Bonnecourse. A 8° BL 15856 revu et corrigé. Not novel.

La Boussole des Amants, 98 p., (anon.). A copy: priv. 1665, ach. d'imp. 1667. 24 aspects of love.

Le Breviaire des Amoureux, ou Tableau du Tombeau d'Amour, 117 p., 1604 (anon.). Description of author's affections.

Le Capitan, par un Comédien de la Troupe Jalouse, 96 p., 1638 (anon.). From: Andreini, *Le Bravoure del Capitano Spavento*, 1607. (Rolfe.)

Caprices de l'Oisiveté et de l'Amour, 96 p., 1665 (anon.). Anecdotes.

Les Caprices Héroïques du Loredano, 376 p., 1644, by Grenaille. A translation. (Rolfe.)

La Carité, ou le Pourtraict de la Vraye Charité, 1641. Edifying discourse. (Sage.)

La Carte de la Cour, 1663, by Gueret. About court and writers.

Carte Géographique de la Cour et Autres Galanteries, 1668, by Bussy-Rabutin (?). Verse and prose. Not novel.

La Cassette de Bijoux, 248 p., 1668, by Torche. (A BL 16420 is incorrect cote; not found). Barbier says that La Toilette galante de l'amour (1670) is the 2nd part of La Cassette. La Toilette is a mixture of prose and verse; doubtful if novel.

Le Censeur Censuré, 16 p., 1652 (anon.). Criticism of a history by Sandricourt.

Le Centre de l'Amour, en emblèmes et en Vers, 1687 (anon.). Erotic pictures and verse. (Rolfe.) A copy: from German, with verse on left page and picture on right.

Cesarion, ou Entretiens Divers, 1684, by Saint-Réal. Five subjects discussed on successive days.

Le Chevalier sans Reproche, Jacques de Lalain, 1633, by Ennetières. Biographical poem.

La Clef des Coeurs, anon. Rolfe gives 1673. About love.

Cléopâtre Humiliée et la Réponse de César, 70 p. 1640 (anon.). A copy 3rd edition. Letter to Caesar and his reply.

Le Commerce Galant, ou Lettres Tendres et Galantes de la Jeune Iris et de Timandre, 235 p., 1682 (anon.). Exchange of letters.

La Conquête des Enfers par L'Invincible Gontal, 1609, by Engeville. Pp. 1–25, *Le Fourbisseur Malencontreux*, prose tale. Pp. 26–41, *La Conquête*, in verse.

La Contre Mode, 1642, by Fitelieu. Includes: *La Mode, Tête à la Mode*, etc.

La Conversion d'Atis et Floride, 45 p., 1608, by Baudouin. French and Spanish. Part II: *Douze Règles Spirituels pour Résister aux Tentations du Monde*, pp. 46–62. Reynier gives 1607.

Le Convoi Céleste de Martin, 29 p., 1654 (anon.). Satire in verse and prose.

La Cour d'Amour ou les Bergers Galants, 520 p. 1667, by Du Perret. Description of a court of love held at Marseille, with discussions.

La Cour de France Turbanisée, 1686 (anon.). History.

Le Courrier Burlesque de la Guerre de Paris, 1650, by Saint-Julien. Verse. (Rolfe.)

La Courtisane Déchiffrée, 498 p., 1643 (anon.). Discourse on charm and "le fol amour". Same as: Anon., *Tableau des Piperies*, 1685. (Rolfe.)

Les Dames Illustres où on Prouve que le Sexe Féminin Surpasse le Sexe Masculin, 445 p., 1665, by Mme Jacquette Guillaume. Virtues and qualities of women, with examples.

La Dianée, 1642 (anon.). From: Loredano, *La Diana*, 1627. (Rolfe.)

Discours Véritable d'un Juif Errant, 14 p., 1609 (anon.). Apochryphal legend.

Les Diverses Fortunes de Panfile et de Nise, 1614, by d'Audiguier. From: Lope de Vega, *El Peregrino en su Patria*, 1604. (Rolfe.)

Les Divertissements de Cassandre et de Diane, 1683, by Vanel. From: Solórzano, *Los Olivios de Cassandra* (1640), and Pedro de Castra y Anaya, *Los Amores de Diana* (1632). (Rolfe.)

Le Dédain de L'Amour, 47 p., 1603, by H.D.B. Discourse against perfidious lovers.

La Défence du Coeur Contre les Attaques de l'Amour, 572 p., 1681, by Alquié. Two ladies discuss means.

Les Demandes Curieuses et les Responses Libres, 623 p., 1635, by Meynier. On moral and political questions. (Rolfe.)

Le Desbauché Converti, 1631, by Philippe Camus. Verse. (Sage.)

Description de l'Île de la Portraiture . . ., 132 p., 1659, by Sorel. Criticism and praise of portraitists.

Edouard, Histoire d'Angleterre, 1696, by Juvenel. Concerns Edward III, history. Same as (?): Bernard, *Edgard, roi d'Angleterre* (vers 1690), listed by Delcro, and not found.

Les Entretiens Curieux de Tartuffe et de Rabelais sur les Femmes, 1688, by La Daillhière. Three dialogues.

Les Epîtres des Dieux et Déesses, 376 p., 1632, by Croisilles.

Les Erres de Philaret, 1611, by Rebreuilletes. Philaret against Pride, Envy, etc.

Eromène, 1633, by d'Audiguier. Translation of Biondi's novel. (Magendie, 416.)

L'Esclavage du Brave Chevalier François de Ventimille, 1608, by Du Lisdam. Historical biography.

L'Escole d'Amour ou les Héros Docteurs, 192 p., 1665, by Alluis. On types of novels and their teachings.

L'Escole des Filles en Dialogues, 1672 (anon.). BN R23755 (1659). Not novel.

L'Escole des Filles, ou la Philosophie des Dames, 1668, by Mililot. Not novel.

L'Escole des Parfaits Amans, 1673 (anon.). On the conduct of love.

Les Espines d'Amour où sont Traitées les Infortunées Amours de Philadon et Caulisée, 1604, by Estienne Durand. Dialogue on love.

L'Esprit de Luxembourg, ou conférence qu'il a eue avec Louis XIV sur les Moyens de la Paix, 1694 (anon.). Not fiction.

Les Estranges Adventures de Lycidas, Cyprien et Cléorithe Rhodienne, 296 p., 1630 (?), by Bazyre. Priv. 1624. A copy is the 2nd edition, augmented from a Greek copy obtained from M. des Hayes, ambassador to Constantinople. Listed by De Jongh as 1529.

L'Exil Amoureux, 324 p., 1632, by Hervé. Elegies for his lady.

Extravagances d'Amour, 216 p., 1604 (anon.). Monologue on love.

Les Faits et Prouesses du Noble et Vaillant Hercules, 1612 (anon.). Paraphrase of mythology. "Rien de mien n'y ai mis."

La Fenise, Histoire Espagnole, 1636 (anon.). From: Cuevas, *Experiencias de Amor y Fortuna*, 1626. (Rolfe.)

La Fuite de Rosalinde, 578 p., 1643, by Du Verdier. Title of A copy and Magendie (185). Bardon, *Don Quixote en France*, p. 155, says this is a plagiarism of B. Morando's *Rosalinda*.

La Galathée ou les Avantures du Prince Astyages, (date uncertain), by Rémy. From Barclay's *Argenis*. (Magendie, 76.)

La Galerie des Curieux, 1646, by Bontems. Satirical portraits.

La Généreuse Apollinaire, Autrement Dorothée, 99 p., 1651, by Gonon. Biographies from Greek authors.

Les Gestes de Geoffrey de Lusignan, 1622 (anon.). A re-working of epic material.

Le Grand Chemin de l'Hospital, 47 p., 1610 (anon.). An enumeration: the lazy, spendthrift, etc.

Le Grand Empire de l'un et l'Autre Monde, 565 p., 1625, by La Pierre. A moral treatise.

Les Gymnopodes ou de la Nudité des Pieds Disputée de Part et d'Autre, 326 p., 1624, by Roulliard. BN 4° Ld^{24} 252. A satire of the cordeliers at Rome.

Harangues Burlesques sur la Vie et sur la Mort de Divers Animaux, 1618 (anon.). In praise of certain animals.

Les Hazards Amoureux de Palmelie et de Lirisis, 1594, by Nervèze. (Reynier.)

Les Hermaphrodites, 1605, by Thomas Arthur. BN Lb³ 4806. Political pamphlet.

Histoire d'Adelaïs de Bourgogne, 166 p., 1645 (anon.). Biography. Same as: Anon., *Adelaide de Bourgogne, Nouvelle Historique*, 98 p., 1680, and: Anon., *Histoire d'Adelaïs, Reine de Bourgogne*, 166 p., 1685.

Histoire de Bertrand du Guesclin . . . , 1666, by Hay du Chastelet. Biography.

Histoire de Deux Turcs et d'un Juif, 1673. A copy: translated from the English by Mons. T.E.

Histoire de Geriteon, Roy d'Angleterre. A copy 1581, by Etienne de Maisonneuve. (Rolfe.)

Histoire de Henri, Duc de Rohan, 1666, by F.D. A biography. Woodbridge says that this was reprinted as: *Histoire du Maréchal de Fabert*, 1697, but doubtful by Courtilz de Sandras.

Histoire de l'Incomparable Administration de Romieu, 1635, by Michel Baudier. (Rolfe.) BN Rés. Lk² 1430. A biography.

Histoire de la Vie et de la Mort d'Arthémise (*Mme Céleste Forget Née de Maillé*) . . . , 1621, by Lannel. Biography.

Histoire de Mahomet IV Dépossédé, 1688, by De Visé. Not fiction.

Histoire de Mehemet Bei Aujourd'Hui Nommé Jean Michel de Cigala, 1668 (anon.). Not novel. (Rolfe.)

Histoire de Melusine, Chef de la Maison de Lusignan . . . , 1698, by Nodot. About the founding of the house of Lusignan by a fairy.

Histoire de Morgant le Géant, 1618 (anon.). From Pulci. (Rolfe, Brunet.)

Histoire de Poliarque et d'Argenis, 1624, by Coeffeteau. An abridgement of Barclay. Pp. 156–168: *Promenoir de la Reyne à Compiègne*.

Histoire de Robert le Diable, 62 p., (anon.). First published in 1496. (De Jongh.)

Histoire de Thaïs, ou L'Exil de la Volupté, 94 p., 1611, by Ranquet. Verse.

Histoire des Amours du Grand Alcandre . . . , 52 p., 1651, by the Princesse de Conti. Historical sketches of Henry IV's mistresses.

Histoire des Deux Chevaliers Milles et Amys, 1631 (anon.). A reworking of medieval material.

Histoire des Grands Vizirs, 1676, by Chassepol. History.

L'Histoire du Bon Chevalier Jacques de Lalain, 1634, by Chifflet (?) or Chatelain (?). BN Rés. Y² 627. A biography.

Histoire du Marquis de Saint-André Montbrun, 1698, by Mervesin. Biography and genealogy.

Histoire du Royaume des Amans . . . , 1666, by Busens. Allegory on traits and characteristics.

Histoire Galante de Monsieur le Comte de Guiche et de Madame, 1667 (anon.). Not fiction.

Histoire Galante des Habitants de Loches, 6 p., 1696, by Murat. Storer says never published.

Histoire Nouvelle de la Cour d'Espagne, 1692 (anon.). Storer says not by Aulnoy. Delbosc lists as translation.

Histoire Plaisante de Renard, 175 p., 1625 (anon.). Morality: Renard and Isengrin.

Histoire Plaisante et Récréative de la Belle Marquise, Fille de Salluste, 308 p., (16th century), by Lombard.

Histoire Secrète de la Duchesse de Portsmouth, 1690 (anon.). A translation of: Penancoët de Kérowelle, *Secret History of the Duchess of Portsmouth*, 1690. (Rolfe.)

Histoire secrète des Plus Fameuses Conspirations de la Conjuration des Pazzi Contre les Médicis, 200 p., 1697, by Le Noble. History.

L'Homme Dans la Lune, 1666, by Dominique. Rolfe says that this is a translation of: Francis Godwin, *The Man in the Moone*, 1638.

L'Honneste Femme, by Du Bosc. BM 8416.i.23 (1632) (Rolfe). Philosophical discourse on women. (Bennetton.)

L'Honneste Maîtresse, 1654, by Couvay. The powers of women over men.

Les Illustres Malheureux, 1644 (anon.). Prayers and edifying thoughts.

L'Imagination Détrompée, 143 p., 1675, by Al.C. de Mestre. On love.

L'Infortune des Filles de Joie, 58 p., 1624, by Cramail. Satire of the militia organized by the city of Paris.

Jérusalem Assiégée où est Décrite la Délivrance de Sophronie et d'Olinde, 1598, by Nervèze. (Reynier.)

Le Jésuite Sécularisé, 1676 (anon.). About Jesuits.

Jonathas ou le Vray Ami, by Cériziers. BN copy 1656, 2nd edition. Discourse on friendship.

Le Jugement de Pâris et le Ravissement D'Hélène, Avec ses Amours, 70 p., 1608, by Puget de la Serre. BN and A copies identical. A paraphrase of mythology.

Le Jupiter de Candie, 57 p., 1604 (anon.). Discourse on great men.

Le Langage Muet ou L'Art de Faire l'Amour Sans Parler, Sans Écrire, et Sans se Voir, 44 p., 1688, by Du Vignan. Non-fiction material from his *Secretaire Turc*.

Les Larmes d'Aronthe sur l'Infidélité de Clorigène, 1619, by P. Colas. Verse. (Rolfe.)

Lettre d'Ariste à Cléonte, 1659. Priv. to S.A.D. Rolfe gives François d'Aubignac, Includes: *Apologie de l'Histoire du Temps*, 120 p., by L.D., and: *Histoire du Temps*, 63 p. Satire of the *Carte du Tendre* and of *Clélie*.

Lettres d'Amour d'une Religieuse . . ., (anon.). A copy: 1670, translated from the Portuguese. Not novel.

Lettres de Rosandie et de Calidor, 71 p., 1630, by Cabinot. An exchange of letters.

Lettres Galantes, 1672, by D.M. Exercises.

Lettres Galantes, Héroïques et Amoureuses, 1658, by Pelisséri. Letters on all subjects.

Lettres Galantes de M. le Chev. d'Her . . ., 1683, by Bernard de Fontenelle. Letters.

La Liberté des Dames, 305 p., 1685 (anon.). Four letters on women.

La Liberté Assiégée par l'Amour, 115 p., 1609, by Roux. Reflections on love.

Le Livre de Clamadès, Fils du Roy d'Espagne et de la Belle Clermonde, 1619, by Philippe Camus. A translation. (Rolfe.) Williams lists as: Anon., *Histoire du Chevalier Clamadès et la Belle Clermonde*, Lyon, 488 p., 1610, but the A copy referred to: 8° BL 29587, is dated 1620.

La Logique des Amants ou l'Amour Logicien, 1668, by Caillières. About love.

La Loterie d'Amour ou la Métamorphose de Philis en Amour, 45 p., 1661. Explains the weaknesses of love.

La Loyauté Conscientieuse des Taverniers, 1602 (anon.). Verse.

La Malice des Femmes avec la Farce de Martin Baston, 1659 (anon.). Satire.

Le Manuel d'Amour, 180 p., 1614, by A.T. Six dialogues on love.

Le Mariage de L'Amour et de L'Amitié, 75 p., 1656 (anon.). A copy 1666, with ach. d'imp. 1665. Seven articles for rules of marriage.

Mémoires Contenant Divers Événements Remarquables Arrivées sous le Règne de Louis le Grand, 1683, by Courtilz de Sandras. The condition of France since the death of Louis XIII.

Les Mémoires de la Comtesse de Murat ou la Défence des Dames, 1697, by Murat. Storer says this is a reply to Villiers (?), *Les Mémoires de la Vie du Comte de . . .* , 1696. Not fiction.

Mémoires de la Vie du Comte de . . . , 141 p., by Villiers. A copy: priv. 1674, and 1696 is a reprint. Inside: *Mémoires de M. de Saint-Evremont*. Not fiction.

Mémoires de Mme la Duchesse de Mazarin, 88 p., 1675 (anon.). Autobiography, pp. 1–75; her character, pp. 76–88.

Les Mémoires de MLPMM, Grande Connetable du Royaume de Naples, 1676, by Brémond (?). BN Ln[27] 626 (1676). A letter, signed on page 178 by N.N. states that this has been translated from the Italian.

Mémoires du Temps, 199 p., 1674 (anon.). Disgrace of the marquis de Frênes. Not by Courtilz. (Woodbridge.)

Le Meurtre de la Fidélité et la Défense de l'Honneur, 125 p., 1609 (anon.). From: *Don Quixote*. (Rolfe.)

Le Miroir Qui ne Flatte Point, 269 p., 1632, by Puget de la Serre. A moral treatise.

Mitra, ou la Démone Mariée, Nouvelle Hébraïque et Morale, 1688, by Patin. Author says translated from Latin version of the Hebrew. Same as: Patin, *Qu'Il Faut Tenir sa Parole*, 1689.

Mithridate, 1648, by Le Vayer de Boutigny. A cat. says translation of Guicciardini.

Le Moine Secularisé, 1675, by Dupré. On the customs of monks.

Molière Comédien aux Champs-Elisées, 1694, by Bordelon. A comedy. Probably same as: Bordelon, *Arlequin Comédien*, 1691.

La Montre, Avec la Boëste et le Miroir d'Iris, 1666, by Bonnecourse. Not novel.

La Morale Galante, ou L'Art de Bien Aimer, 1668, by Boulanger. A treatise on love.

La Mort de Paulin et d'Alexis, Illustres Amants de la Mère de Dieu, 1657, by Barry. Fifty famous deaths.

Les Moyens de Guérir de l'Amour, Conversations Galantes, 1681 (anon.). Conversations on love and the means of curing.

Les Myrthes Funestes d'Iphis . . ., 1624 (anon.). Laments in prose and verse.

Narcissus, Histoire du Beau, 1650, by Habert. This would appear to be a reprint of 1550 edition, not listed by De Jongh.

La Narquoise Justine, 711 p., 1636 (anon.). From: Lopez de Úbeda, *La Picara Justina*, 1605. A copy 1635. (Rolfe.)

Nouveau Recueil de Lettres et Billets Galants . . ., 1679 (anon.). Examples.

La Nouvelle Pandore ou les Femmes Illustres du Siècle, 1698, by Nertron. Academic discourse on women.

Nouvelle Relation du Sérail du Grand Seigneur, 277 p., 1675, by Tavernier. BN J. 6244. History and personal experiences.

Nouvelles de Lancelot, Tirées des plus Célèbres Auteurs Espagnols, 427 p. A 8° BL 29530 (1628). From Céspedes y Meneses and Lugo y Dávila. (Rolfe.)

Nouvelles Héroïques et Amoureuses, 1651, by Boisrobert. Translated from Spanish.

Les Oeuvres Galantes, 1666 (?), by Mme la comtesse de B . . . A copy: 1667. Fourty-four letters, with verse.

La Palme de Fidélité, 1620, by Lancelot. Translated from Alemán. (Hainsworth.)

Le Parasite Mormon, Histoire Comique, 1650, by Sorel. From: Maria de Zayas y Sotomayor, *El Castigo de la Miseria*. BN copy: dedication to Le Vayer by "les auteurs". (Rolfe.)

La Parfaicte Solitude, Soubs les Noms des Deux Princes Themiste et Poleon, 314 p., 1635, by Saigeot. In praise of solitude.

Le Patron de l'Honnête Raillerie ou le Fameux Arlotte, 1650 (anon.). From: Arlotto Mainardi, *Facetie*. (Rolfe.)

La Peine et Miseres des Garçons Chirurgiens Autrement Appelés Fratres, 24 p., 1674, by Colletet (?). Prose and verse. Not novel.

Péristandre, ou L'Illustre Captif, tiré du Grec, 2 vol. Ach. d'imp. 28 mars 1642. Magendie (27) claims this is a plagiarism of Fumée's translation of *Du Vray et Parfaict Amour* by Athanagoras.

Le Persée Français, 1616, by Morilhon. Description of the marriage of Elizabeth of France to Phillip of Spain.

Le Philosophe Indifférent, by Du Bosc. Rolfe gives: BM 1003.I.14(2), 1643. A treatise.

La Philosophie d'Amour, 1622, by Humières. A treatise on love.

La Philosophie Fabuleuse, 2 vols., 1620, by Larrivez. Paraphrase of 1577 edition. (Rolfe, Lancaster.)

Les Plaisirs des Dames, 1641, by Grenaille. Includes: Le Cours, Le Miroir, etc.

La Politique des Amants, 1683 (anon.). A continuation of: *Entretiens Galants*, 1664. Dialogues with moralities.

La Politique des Coquettes, 77 p., 1660 (anon.). Portraits of their mistresses by maids while travelling.

Le Portrait de la Coquette, ou la Lettre d'Aristandre à Timagène, 1659, by Juvenel. A letter of admonition by an uncle to his nephew.

Les Portraits des Hommes Illustres François, 1664, by Vulson. A copies: 8° H. 12889–12901. Not fiction.

Les Portraits Égarés, 107 p., 1660, by d'Aubignac (?). A copy new edition of last year with two new portraits and two new sonnets.

Les Pourtraicts des Chastes Dames, 156 p., 1600, by Du Souhait. Portraits of 2 p. each.

La Prison du Sr D'Assoucy, 176 p., 1674, by d'Assoucy (?). Dialogue between d'Assoucy and a friend on his troubles, with letters.

Les Privilèges du Cocuage, 132 p., 1682, by Le Noble. Satire in form of dialogue.

Le Procès de la Jalousie, 1661 (anon.). Dialogue on jealousy, with anecdotes.

Promenade de Livry, 1678, by L.C. About the Queen of Poland.

Le Rabat-Joye du Triomphe Monocal, 1633, by Hilaire. A polemic against monks.

Rabelais Réformé, 500 p., 1697 (anon.). About Rabelais by a doctor.

Rasibus, ou le Procès fait à la Barbe des Capucines par un Moine Défroqué, 1680 (anon.). A satire on Capucin's beards.

Réconciliation du Mérite et de la Fortune, 60 p., 1665 (anon.). Dialogue between fortune and merit.

Recueil de Lettres ou Relations Galantes, 1668, by Villedieu. Letters to friends.

La Reflexion de la Lune sur les Hommes, 127 p., 1654, by Mlle de B. Ten reflections on the effects of the moon on man.

Relation de ce qui s'est passé au Royaume de Sophie, 1659, by Sorel. 8° BL 19265. Criticism of Furetière.

Relation de l'Île de Bornéo, 27 p., 1686, by Fontenelle (?). An anti-clerical satire.

Relation d'un Voyage fait en Provence . . ., 1683, by Préchac. Description of a journey.

Relation du Pays de Jansenie . . ., 118 p., 1660, by Zacharie. A 8° T 4503. Satire.

Relation Extraordinaire, venue tout Fraîchement du Royaume de Cypre, Contenant le Véritable Récit du Siège de Beauté à Famagouste, 1643, by Sorel. Bibliothèque de Rouen, Coll. Laber, No. 2435. Not novel. (Roy.)

Relation ou Journal d'un Voyage fait aux Indes Orientales, 282 p., 1677, by François L'Estra. Not novel.

La Religieuse Esclave et Mousquetaire, 141 p., 1697 (anon.). A family history.

Réponses aux Impertinences de l'Aposté Capitaine Vigoureux, 1617, by Jacques Olivier. A defence of women. Olivier is also the author of: *Alphabet de la Malice des Mauvaises Femmes*.

La Revue des Troupes d'Amour, 54 p., 1667 (anon.). Aspects of love drawn up like troupes.

Roderic, ou le Démon Marié, 1694 (anon.). Rolfe says from Machiavelli's *Belfagor*, 1549.

Le Roman Céleste des Amours du Soleil et de la Lune, 1650, by Servien. Verse.

Le Roman d'Albanie et de Sycile, 1626, by Du Bail. Taken from Greene's *Pandosto*, first translated by Regnault in 1615. (Magendie, 67.)

Le Roman de l'Infidèle Lucrine, 1634, by Gougenot. A copy lost. Magendie says taken from *l'Heptameron*.

Le Roman des Chevaliers de Thrace, 100 p., 1605 (anon.). Description in verse of tourney for wedding of M. de Joyeuse.

Le Roman des Oiseaux, Histoire Allégorique, 85 p., 1661, by Boucher. Allegory on marriage of Louis XIV.

Roman Véritable, (anon.). Achev. d'imp. 28 juin 1645. Preface intimates that the story comes from Tirso de Molina's *Los Cigarrales*.

Le Romant de [Jean de] Paris, 1530–1540 (anon.). (De Jongh.)

Le Romant des Chevaliers de la Gloire, 1612, by Rosset. An allegory celebrating festivities at the Place Royale for the Spanish-French Alliance.

Le Romant des Sept Sages de Rome . . ., 1662 (anon.). Certainly from medieval material. Moral examples taken from the Latin.

Roselis, ou l'Histoire de Saincte Suzanne, 1623, by Camus. Edifying discourses. (Sage).

Les Ruses d'Amour Pour Rendre ses Favoris Contents, 514 p., 1681 (anon.). 31 "ruses".

La Sage Folie, Fontaine d'Allégresse, 1649, by J. Marcel. A satirical treatise.

La Sage Folie ou Pensées Extraordinaires, 1679, by Fellé. Not novel.

Scarron Apparu à Mme de Maintenon . . ., 1694 (anon.). Scarron and his heroes appear before Mme de Maintenon, with reproaches.

La Science et l'École des Amans, 340 p., 1677, by Alquié. A 8° BL 20048 (1679, 2nd edition). How to be loved by others.

Les Secrètes Ruses d'Amour, 35 p., 1610, by D.M.A.P. Includes: *Dialogue de l'Aretin des Courtisanes de Rome*, pp. 36–107, and: La Valletrye, *Les Paradoxes d'Amour*. Six paradoxes.

La Solitude et l'Amour Philosophique de Cléomède, 1640, by Sorel. Moral and philosophical reflections.

Sommaire des Dames Illustres et Vertueuses, 1603 (anon.). Portraits.

Le Songe de Scipion, 1606, by Nostredame. From: Cicero, *Sommim Scipionis*. BN Rés. Ye. 2077. (Rolfe.)

Les Songes Drolatiques de Pantagruel, (anon.). A copy: 1565.

Le Sot Amoureux, 46 p., 1607, by Gagnieu. A portrait.

La Sphere de la Lune Composée de la Tête de la Femme, 97 p., 1652, by Mlle de B. BN Y² 12348. The qualities of women.

Suite des Voyages de M. Tavernier, 1680. BN cat.: Six voyages de Tavernier, écrit par Chappuzeau. Not novel.

Tableau de la Fortune, 1648, by Chevreau. Moral discourses. (Lancaster, Bennetton.)

Le Tableau du Mariage Representé au Naturel . . ., 1635, by Caillet. A treatise on marriage. (Bennetton.)

Le Télémaque Spirituel . . ., 84 p. 1699, by Faydit. Two letters on theology.

Le Temple de Marsias, 31 p., 1676, by Blessbois. A letter, with verse.

Le Testament de Bernard de Bluet, 1606. 133 visions of 12 p. each.

Les Thuilleries d'Amour, 248 p., 1610, by Le Jay de Senlis. Reflections on love, with songs and verse.

La Toilette Galante de l'Amour, 1670, by Torche. Prose and verse. Not novel.

Traité des Combats que l'Amour a eus Contre la Raison et la Jalousie, 1667, by F. Joyeux. Not found A or BN. Probably not novel. (Rolfe.)

Le Triomphe de l'Amour Honnête, 197 p., 1642, by Gillet. Discourse on love.

Le Triomphe de l'Amour Parfait, ou les Amans Vertueux et Constans, 220 p., 1698 (anon.). Life of Saint Marine in three parts.

Les Triomphes de l'Amour, 140 p., 1626, by Bertin. Seven letters.

Les Trois États de l'Innocence, 1646, by Cériziers. Three parts, each having 150 pages of edifying remarks, and 150 pages about the saint. Not fiction. Same as: Cériziers, *L'Histoire d'Hirlande*, 1666, which is the third part of *Les Trois États*.

Les Tristes Amours de Floridan, 1628, by d'Urfé (?). Verse, pp. 59–128.

L'Usage du Beau Monde, ou l'Agréable Société, 336 p., 1662, by Valcroissant. Rules for gallantry, but includes: *Cathéchisme des Francs-Maçons*, pp. 1–57.

Le Vagabond, 192 p., 1644 (anon.). Thirty-eight kinds of vagabonds, from *Il Vagabondo*, 1621, by Rafaele Frianoro. (Rolfe.)

La Vérité Déguisée, Persécutée et Reconnue . . ., 1698, by Templery. Not found, but probably not fiction. Templery's other works are on language and eloquence.

La Vertu Ressuscitée ou la Vie du Cardinal Albernoz, 1629, by L'Escale. A biography.

De la Vie des Moines, 146 p., 1676, by Dupré. Not a novel.

La Vie du Roi Alanzar, 1671, by François d'Obeilh. BN 8° O³ j.69. From the Spanish by Miguel de Luna. BN copy says translated from Arabic. (Rolfe.)

Le Voyage de l'Isle d'Amour, 48 p., 1664, by L'Abbé Tallemant or Pierre Aubert. Followed by: *Le Second Voyage de l'Isle d'Amour*, 41 p., 1664; and *Le Retour de l'Isle d'Amour*, 49 p., 1666. An allegory of love protected by respect.

Le Voyage de Munik, 19 p., 1681, by Regnier des Marais. Rés. Ye. 4678. Authentic account.

Voyage du Monde de Descartes, 1690, by Daniel. About Décartes on the soul.

Voyage d'un François Exilé pour la Religion avec une Description de la Virginie et Marilan dans l'Amérique, 1687, by Durans. Not fiction. (Lancaster.)

Le Voyageur Fortuné dans les Indes du Couchant ou Découvertes au Delà des Trois Villes de Tendre, avec l'Almanach de l'Amour, 306 p., 1663, by Georges de Scudéry (?). A 8° BL 19311 (anon.). Includes: *Le Voyageur*, pp. 1–27; *Billets Doux, Portraits et l'Histoire du Poète Sibus*, pp. 28–263; *Almanach d'Amour*, pp. 264–306. Satire. Not listed by Mongrédien.

Le Vray Théâtre d'Honneur et de Chevalerie, 1648, by Vulson. A Fol H. 3826. Heraldic arms.

Ziska ou le Redoutable Aveugle . . . , 1685, by Rocoles. History, period of religious wars.